FAO中文出版计划项目丛书

地理标志评估指南
——因地制宜推动地理标志发展与提升

联合国粮食及农业组织　编著

王秀丽　郑　君　译

中国农业出版社
联合国粮食及农业组织
2025·北京

引用格式要求：

粮农组织。2025。《地理标志评估指南——因地制宜推动地理标志发展与提升》。中国北京，中国农业出版社。https://doi.org/10.4060/cb6511zh

ISBN 978-92-5-134869-7（粮农组织）
ISBN 978-7-109-33320-8（中国农业出版社）

FAO中文出版计划项目丛书

指 导 委 员 会

ABSTRACT | **内容提要** |

　　基于地理标志的发展计划能够促进与原产地相关的产品质量良性循环（粮农组织与强化地理标志国际研究项目[①]，2009）。因为这类计划允许生产者从其产品中获得更高份额的附加值，从而有助于改善他们的生计。同时，还有助于保护自然与文化资源，比如景观、生物多样性、文化遗产和地方传统，并且能促进食物多样性及社会文化发展。

　　这是一本专门针对当地生产者团体和利益相关方开展的相关计划进行评估的指南。它旨在通过为地理标志（geographical indications，GI）的保护与使用制定明确规则，强化以原产地关联产品为基础的项目，进而推动可持续粮食体系的发展。本指南采用实用且切实可行的操作方法，助力地方利益相关者开展参与式评估流程，并提供了分步实施路线图、方法工具及实际案例。根据评估开展的时间不同，本指南将评估分为两类：一类是前瞻性评估，它能帮助生产者及其他利益相关者决定是否启动某个计划，以及如何设计计划以实现预期目标、最大化收益并规避风险；另一类是回顾性评估，当计划实施后，通过这类评估可以考察其是否达到了初始设定的各项目的，并识别出需要改进的方面，同时也会关注那些非预期及意外产生的影响。

　　通过为地理标志计划的评估提供实用指导，本指南有助于充分发挥此类项目在构建可持续粮食体系和推动可持续发展方面的作用。本指南的目标受众为：

- 希望开展评估以建立或调整地理标志体系的地方利益相关者（如生产者协会、公共机构或非政府组织）——本指南将为其阐释参与式方法的关键概念和推进步骤。
- 评估团队（由地理标志从业者及学术界或研究界的专家组成）——本指南

---

　　① "加强地理标志国际研究"（Strengthening International Research on Geographical Indications，SINER-GI）是一个研究项目（编号：SSPE-CT-2005-006522），是由欧盟资助的政策导向型研究，实施时间为 2005 年 5 月至 2008 年 7 月。SINER-GI 项目的目标是构建并共享一套连贯的全球科学依据，该依据涉及地理标志成功所需的经济、法律、制度及社会文化条件。这项科研工作旨在为合理的政策提供有效支持。详细资料参见网站：www.origin-food.org。

将为其提供定义和实施评估框架的具体工具与实例。

表0-1介绍了本指南的各章节及其目的。

表0-1　本指南各章节及其目的介绍

章节	目的
1　导论	本章将地理标志计划的评估作为一种改善与原产地相关的质量良性循环运作的方式进行介绍。同时，本章还阐述了本指南的结构，并说明了其使用方法
2　评估地理标志计划效果的复杂性	本章的目的有两个：一是帮助利益相关者理解什么是地理标志计划，以及这些计划的影响可能具有的复杂性；二是本章还将阐释评估地理标志计划意味着什么、为何评估至关重要，以及评估的基本原则和方法学等问题
3　绘制地理标志计划潜在效果图谱	地理标志计划可能会对生产者的经营活动、地方经济与社会以及环境产生多方面的不同影响。本章将系统梳理这些潜在影响的各类别。这些影响图谱将为评估工作的实施提供参考依据
4　规划评估过程	本章将阐释如何规划评估流程，以及如何确定评估目标、参与主体、责任分工和所需资源。同时，本章还将介绍评估计划及评估职权范围（terms of reference：ToR）编制过程中的关键步骤。这两份文件将作为整个评估过程的主要参考依据
5　前瞻性评估：是否启动以及如何启动地理标志计划	本章专门探讨前瞻性（或事前）评估，即利益相关者需要决定是否以及如何启动一项地理标志计划的阶段。在此阶段，利益相关者正着手设计地理标志计划，并确定将哪些规则纳入《操作规范》（CoP）
6　回顾性评估：地理标志计划的效果如何	本章探讨的是事后评估情境，即相关主体需要反思地理标志计划在评估所涵盖的各个维度上产生的效果，并据此做出决策以提升该计划的绩效
7　结论	本章介绍了关于地理标志计划评估的主要结论
参考文献与推荐阅读材料	此部分列出了关于评估理论和实践的精彩书籍、文章和网站
术语汇编	此部分提供了指南中主要概念的定义

近几十年来，农业生产力的显著提升满足了全球人口增长带来的粮食需求。然而，这种发展态势正产生日益严重的负面社会和环境影响，农业粮食体系的经济可持续性也常常不稳定。目前，全球仍有 6.9 亿人处于饥饿状态（联合国粮食及农业组织等，2020）。与此同时，不健康的饮食正引发糖尿病、肥胖症和心血管疾病等现代疾病，这些疾病的蔓延速度令人担忧。这种状况表明，我们的粮食体系已失去平衡。

联合国粮食及农业组织（以下简称"粮农组织"）认识到，要实现《2030年可持续发展议程》，就必须对农业和粮食体系进行转型。2014 年，由粮农组织与世界卫生组织（WHO）联合举办的第二届国际营养大会（ICN2）指出：

由于资源短缺和环境退化以及不可持续的生产和消费模式等因素造成的约束，当前的粮食体系正面临越来越大的挑战，难以向所有人提供充足、安全、多样化且营养丰富的食物，以助力健康饮食（粮农组织和世卫组织，2014）。

为应对这些挑战，联合国《2016—2025 年营养行动十年计划》特别关注粮食体系的转型，旨在推动健康饮食可持续生产，改善营养状况，以实现第二届国际营养大会（ICN2）及可持续发展目标（SDGs）承诺的实现与营养和饮食相关的全球非传染性疾病（NCD）防控目标。

在众多旨在提高粮食体系可持续性的策略中，那些以推广优质食品生产的同时保护自然与文化资源为目标的地方性计划尤为重要。这类计划提供了一种全面的方法，即可借助地方治理模式，将社会与环境因素纳入经济目标之中，并通过标签标识和饮食多样化触达消费者，从而形成一种全面的发展路径。旨在提升具有地理标志的食品价值并促进其市场推广的区域性计划，已被证明有可能带来显著的经济效益与社会效益，同时有助于保护包括生物多样性在内的自然环境。为充分释放这一潜力，关键在于使地理标志计划适应当地实际条件，制定清晰具体的目标，并在必要时适时调整推进过程。

本指南的主要目的是提供实用的分步指导，并给出具体例子，以促进对地理标志计划的评估，增强地理标志计划对可持续粮食体系做出的贡献。

本指南的出版得益于意大利佛罗伦萨大学的专家们在开发可持续地理标志

工具方面的长期研究成果。它融合了两方面的智慧：一是关于地理标志计划评估的特定学术知识，二是在多个国家的实地项目中积累的、与成功制订地理标志计划相关的实践经验。因此，我坚信本指南将有助于地方性计划更好地为可持续粮食体系的发展以及可持续发展目标的实现贡献力量。

安娜·拉蒂
联合国粮食及农业组织粮食及营养司前司长

通过地理标志对与原产地相关的产品进行保护和推广，能够借助区域性方法助力构建更具可持续性的粮食体系。事实上，农业区域化策略（agro‐territorial approaches）是通过包容性农村转型推动《2030 年可持续发展议程》实现的主要途径之一。

要使地理标志计划成为与原产地相关的产品质量良性循环的核心，就需要在生产者社区内部开展本地化讨论。此外，必须定期监测这些计划的影响，以确保地方资源得到保护；如果实际效果与预期不符，就必须对地理标志计划进行调整（粮农组织与强化地理标志国家研究项目，2009）。为了最大化地理标志计划的经济、社会和环境效益，向地方利益相关者提供专门的工具和方法至关重要。

联合国粮农组织与意大利佛罗伦萨大学联合编制了本指南，旨在为评估地理标志计划的界定和实施提供实用方法和支持。编写本指南的初衷，是为了完善对地理标志计划实际影响的评估，同时通过在计划启动前评估其潜在影响，优化项目的初始规划。

本指南已在不同场景下针对不同产品（如塞内加尔的马德果、洪都拉斯的咖啡和哥斯达黎加的佛手瓜）进行了测试，结果表明它能有效支持地方产品增值项目，并增强其在经济、环境和社会方面的积极影响。

我们希望本指南能推动各利益相关方（包括学术界之外的群体）在地方层面开展恰当且合理的评估工作。

致 谢 ┃ACKNOWLEDGEMENTS

　　本指南由意大利佛罗伦萨大学教授乔瓦尼·贝莱蒂（Giovanni Belletti）和安德里亚·马雷斯科蒂（Andrea Marescotti），以及联合国粮农组织粮食与营养司的埃米莉·范德坎德拉埃尔（Emilie Vandecandelaere）合作编写。凯瑟琳·泰西耶（Catherine Teyssier）为指南提供了重要支持，从指南编写初期就参与审阅，并在塞内加尔马德果地理标志计划中对指南内容进行了检验。莱昂纳多·格拉纳多斯（Leonardo Granados）在哥斯达黎加佛手瓜案例中，路易斯·费尔南多·桑佩尔（Luis Fernando Samper）在洪都拉斯咖啡案例中，均对本指南进行了检验。弗朗西斯卡·加利（Francesca Galli）和木村纯子（Junko Kimura）为本指南提供了部分插文内容素材。

　　衷心感谢意大利帕尔马大学教授菲利波·阿尔菲尼（Filippo Arfini）提供的同行评议。感谢联合国粮农组织的弗洛朗丝·塔尔塔纳克（Florence Tartanac）的支助和全方位支持——从最初的想法形成到最终出版，她都给予了至关重要的帮助。感谢玛蒂尔德·多希（Mathilde Do Chi）提出的有益意见。

　　最后，还要感谢埃伦·佩伊（Ellen Pay）对该书的编辑工作，基娅拉·德利贾（Chiara Deligia）和玛格丽塔·巴瓦尼奥利（Margherita Bavagnoli）协调出版流程，以及西蒙娜·马里（Simone Mari）排版和设计封面。

AO	原产地名称
AOC	限制性原产地名称
CoP	操作规范
EBRD	欧洲复兴开发银行
EU	欧洲联盟（欧盟）
FAO	联合国粮食及农业组织（粮农组织）
GI	地理标志
M&E	监测与评价
NGO	非政府组织
OP	原产地产品或与原产地相关的产品
OECD	经济合作与发展组织（经合组织）
PIPA	参与式影响路径分析
PDO	受保护原产地名称
PGI	受保护地理标志
SAFA	粮食和农业可持续性评估
SDG	可持续发展目标
SAME	中小企业
ToR	职权范围
TRIPS	与贸易有关的知识产权协定（TRIPS 协定）
WHO	世界卫生组织（世卫组织）
WTO	世界贸易组织（世贸组织）

CONTENTS **| 目　　录 |**

1　导　　论

地理标志计划评估是一种能够促进原产地相关产品良性循环的方法，本章介绍了地理标志计划评估，并阐释了地理标志计划评估指南的结构和使用。

1.1　为何撰写本指南？

经济全球化的发展以及国际市场竞争的加剧，使得生产者和消费者对产品差异化的关注度都有所提升。事实上，无差异化商品（即质量均一的标准化产品）之间单纯基于价格的竞争，可能会对市场中的弱势参与者造成严重的负面影响，尤其是发展中国家的农民以及中小型企业。为了满足消费者在食品质量方面的需求，同时回应人们对生产过程所产生的经济、社会和环境影响的关切，生产者正越来越多地试图摆脱大众市场中的价格竞争。因此，生产者们不断努力降低自身产品被其他供应商替代的可能性，以获取产品附加值中更大的份额。

原产地产品或与原产地相关联的产品，其品质与特性是某一地区人力与自然资源独特性的体现（见插文 1），为产品差异化提供了颇具吸引力的机遇。事实上，正如粮农组织"质量与原产地计划"框架下编制的指南《连接人、地与产品》中所强调的那样：在区域发展模式下，与原产地相关联的产品能够成为质量良性循环的突破点（详见网址：www. fao. org/food‐quality‐origin/home/en/）。原产地产品在市场上通过地理标志进行识别，地理标志提供区分产品并传达其特定品质的一种手段。地理标志的使用权应仅归属于特定地区的生产者，他们的产品是当地传统和特定生产方式的共同结果，且生产过程需依托特定资源——正是这些资源决定了产品的独特性与声誉。因此，关于地理标志使用的具体规则，能够维护原产地产品的声誉，从而惠及生产者、消费者乃至整个社会。

> ● 插文 1　定义
>
> **原产地产品**
> 　一种产品，其特征主要归因于其产地，是本地区独特的气候条件、土

壤特质、植物多样性和品种类型、地方实际经验、历史文化传承下来的栽培技术，以及生产加工某些产品的传统知识等多种因素共同作用的结果。这些因素即所谓的风土，它们之间相互作用，赋予了本地产品独特的品质特征，使其区别于其他地区出产的同类产品。

本指南具体论述了对当地生产者社区和其他利益相关方开展的举措的评估（见插文2），其目的是通过制定明确的地理标志评估规则来提升地理标志计划。本指南将这些举措称为地理标志举措（见插文3），这些举措旨在帮助生产者社区提高其在当地和全球市场的定位。地理标志的使用使生产商能够获得更高份额的产品附加值，同时有助于保护当地资源，从而促进与原产地相关的产品质量良性循环。这种良性循环是一个四步过程，旨在通过识别这些当地资源和将产品鉴定为地理标志，再现生产原产地产品中涉及的本地人力和物质资源。

➡ 插文 2　定义

评估

评估是基于客观证据对正在进行或已完成的计划、项目或广泛政策及其设计、实施和结果进行系统测算评定。评估测定该计划预期目标的意义和实现情况，及其发展效率、效力、影响与可持续性。评估应提供可信和有用的信息，以便将所吸取的经验教训纳入计划的决策过程中。

资料来源：经济合作与发展组织，时间不详；粮农组织，2010。

➡ 插文 3　定义

地理标志计划

当地生产商社区的一项举措，旨在通过地理标志名称和标签的使用规则（包括控制和担保制度）对原产地产品进行监管和定价。

地理标志计划可能有助于实现经济发展、社会进步，以及国际、国家和地方各级政治议程确定的可持续性目标。特别是加强使用原产地产品可能有助于实现联合国《2030年可持续发展议程》中的目标（见插文4）。该《议程》确立了17个应对全球挑战的目标，包括贫困、不平等、气候、环境退化、繁荣以及和平与正义。评估对提升原产地相关产品品质良性循环运行，最大限度地发挥其积极的经济、社会和环境影响，同时减少潜在的负面影响至关重要。许多地理标志计划侧重于使用国家规范框架下可用的法律工具，把这些地理标志作为知识产权来登记和保护。

> **插文 4　定义**

2030 年可持续发展议程

可持续粮食和农业作为人类与地球之间的主要联结，可以推动从消除贫困与饥饿到应对气候变化与保护自然资源的全方位积极变革。粮农组织强调了在实现《2030 年可持续发展议程》及其相互关联的可持续发展目标方面，通过农村转型采取地域性方法的重要性。在不同的方法中，地理标志定价被认为是一种可以促进就业、提高粮食体系附加值、保护和增强自然资源、改善生计、提升促进包容性经济增长，以及增强社区和生态系统复原力的工具。

下图突出显示了地理标志定价可能有助于实现的可持续发展目标。

地理标志定价对可持续发展目标的贡献（SDGs）
资料来源：联合国经济和社会事务部。https://sdgs.un.org/goals

集体地理商标和受保护的原产地名称是最常使用的地理标志类型。本指南主要讨论农产品和食品，但对于非食品类产品，只要其品质与其特定地域来源相关联，指南内容也适用于这类产品。

1.2　地理标志计划评估为什么重要？

地理标志计划是一种参与者团体的项目，通过这些项目他们追求某些特定目标。这些目标反映了对原产地产品的某种愿景，并鼓励宣称使命，有时扩展到整个地区。本指南旨在帮助改进地理标志计划的战略规划，以确保其实现的目标与参与者的愿景相一致。

地理标志计划可以通过多种方式促进粮食体系可持续发展和膳食健康。首先，从经济视角来看，地理标志计划通过帮助当地生产商在市场上取得成功来赚取更高收入以改善他们的生计。生产商提供了加强当地农业粮食体系的机会，推进当地发展进程。参与地理标志计划的生产者较少受到因滥用或误用地理标志而导致的不公平竞争。他们的产品在市场上具有区分度，从而可以通过不同的营销渠道销售更多的产品，并能卖出更高价格。其次，地理标志计划通过景观和生物多样性维护、文化遗产和地方传统保护、社会文化发展、将小农户纳入价值链，以及农村减贫等多方面的贡献，影响地方与全球不同维度地理范围的集体福祉。最后，原产地产品往往与传统生产方法和当地生物多样性有关，可能有助于膳食健康和多样化，从而提供更多更有营养的食品。

然而，正如许多案例所显示的那样，地理标志计划也可能失败或产生意想不到的负面影响。尽管人们对地理标志计划的潜力热情渐涨，但其实际效果也可能具有欺骗性，或与预期相差甚远。此外，原产地相关品质良性循环的启动和运作也可能是存在问题的。

因此，启动地理标志计划前，应尽量评估其对各个方面所可能产生的影响（见插文5）。此外，应在实施过程结束后对其实际效果进行评估。本指南旨在帮助生产者和其他利益相关者评估地理标志计划在经济、社会和环境方面产生的影响，并就如何创建和管理地理标志计划做出决定。这种评估有可能改进原产地相关品质良性循环的有效性与可持续性。本指南为评估地理标志计划提供了参考框架，这一评估覆盖从地理标志产品识别到地方特定资源的再生产整个过程。

> ➡ **插文 5　范例**
>
> **评估地理标志计划：一般问题示例**
> ——地理标志计划对生产者有什么益处？
> ——哪种类型的参与者可从计划中受益？
> ——地理标志计划对本地经济、社会和环境的影响是什么？
> ——地理标志计划的代价有哪些？
> ——地理标志计划可能产生哪些负面影响？

地理标志计划的评估有许多潜在结果。的确，评估可能：
• 促进利益相关方的自我理解和自我问责，从而激励他们。

- 提高地理标志计划的可信度和知名度，促进对可持续粮食体系和健康膳食的贡献。
- 为投资人和其他利益相关方提供信息。
- 帮助识别和利用地理标志计划的影响力优势。
- 帮助识别和纠正无效的地理标志规则。
- 阐明生产系统或区域在可持续性方面的薄弱环节。
- 有助于理解其对经济、社会和环境影响的联系与协调，从而提升原产地相关品质良性循环的可持续性。
- 提供旨在提高地理标志计划未来效率的战略规划基础。
- 生成可能对其他地理标志计划有用的知识。
- 提供地理标志计划有效性的证据，从而为申请公共部门或其他组织（如非政府组织）的资金支持充实材料。

1.3　前瞻性评估与回顾性评估

本指南依据评估开展的时间设想了两种不同情况。这两种情况对应不同的评估方式和方法，以及良性循环的两个不同阶段（图1-1）。

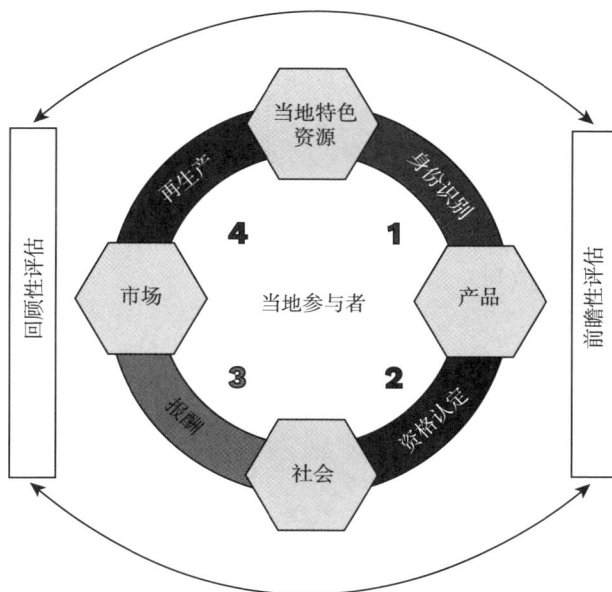

图1-1　原产地产业体系良性循环的两种评估方式

资料来源：改编自粮农组织和SINER-GI（加强地理标志国际研究项目），2009。

5

1.3.1 前瞻性评估

前瞻性（或事前）评估主要涉及良性循环的第一和第二阶段，即身份识别和资格认定（图1-1）。事实上，前瞻性评估主要解决的是能否使用以及如何规范使用地理标志。必须进行前瞻性评估来决定是否以及如何启动地理标志计划。在这一阶段，地理标志尚未被明确界定，规则、标准工具以及控制体系仍有待选择。前瞻性评估的总体目的是通过预测地理标志计划对经济、社会和环境各个方面的影响来帮助界定规则。前瞻性评估的最终目的是提供有价值的见解，帮助地理标志计划与各利益相关方的目标相契合，最大限度减少负面影响、扩大积极效应。前瞻性评估对生产者和其他利益相关者在以下方面有所帮助：

- 了解开展地理标志计划可能出现的情况。
- 确定需要解决的最重要问题，包括界定通用规则、分析替代、选择控制体系等。
- 以参与式的方式界定通用规则，并对其利弊展开讨论。

1.3.2 回顾性评估

回顾性评估主要针对原产地品质良性循环中的第四阶段，即当地资源再生产阶段（图1-2）。其目的是评估地理标志计划的价值，以及用于生产地理标志产品的自然资源和人力资源是否能够得到再生、改善和保护，以促进长远的经济、社会和环境可持续发展。

在地理标志计划开始实施之后进行的评估称为回顾性（或事后）评估。这种评估要考虑地理标志计划在不同维度上的实际影响，包括缘于地理标志计划而发生的或正在发生的。其总体目标是评估地理标志计划的效果，并从以下几方面帮助生产者和其他利益相关者：

- 认识地理标志计划产生的效果。
- 了解地理标志计划在多大程度上实现了其预设的目标，以及在多大程度上达到了利益相关者的期望。
- 分析成败原因。
- 确定如何优化地理标志计划以便更好地实现其目标。

1.3.3 前瞻性评估与回顾性评估之间的联系

前瞻性评估和回顾性评估都应被视为同一过程阶段。事实上，一旦对地理标志计划进行了前瞻性评估，那么回顾性评估所需的数据收集工作也就开始了，而这些数据对前瞻性评估同样适用。而且，回顾性评估可能对改进地理标志计划提出一定的建议，如扩大生产区域、更改某些生产流程规则，改进控制体系确保获得更大的客户。应在计划实施之前评估各种不同的效果。总之，前瞻性评估和回顾性评估之间存在着一定的循环关系。

前瞻性评估和回顾性评估都是地理标志计划治理的一部分（见插文 6）。因此，应鼓励所有利益相关方参与评价过程，此类过程应以民主性、包容性和代表性为宗旨。

> **➡ 插文 6　定义**
>
> **治理**
> 　治理是指复杂的系统，包括机制、过程、关系和制度，个人和团体通过这些系统表达自己的利益，行使自己的权利和义务，并调解分歧。

1.4　谁是本指南的目标用户？

本指南提供了一套路线图，用于建立可持续且由集体管理的地理标志计划，并长期监测其目标的实现情况。该指南锚定致力于将开发地理标志产品作为区域可持续发展抓手的参与者，并为各类参与者针对性地提供了适合他们自身的评价框架。地理标志计划的评估通常由发起人启动，评估小组实施。

因而，本指南主要针对两类主体：

- 发起人可以是生产者协会、公共机构、非政府组织或捐助者。发起人启动评估过程，确定评估的一般目标和具体目标，提供所需资源，并成立评估小组。
- 评估小组负责评估过程的管理和实施。评估小组成员可能包括地理标志从业者、大学院校或研究院所的专家。

发起人和评估小组应鼓励生产者和其他利益相关方积极参与评估过程。

实际上，本指南为希望启动计划评估的利益相关方，以及负责执行评估的评估小组划定了权限。

1.5　如何使用本指南？

本指南采用可操作的方法，旨在建立一个参与式评估流程，以解答所有相关的评估问题。阅读本指南前，需预先了解粮农组织出版的《连接人、地与产品》的相关内容。该手册可从以下网站下载不同语言版本：www. fao. org/ inaction/ quality and origin program/ resources/ publications/ linking people places products/en/。以下内容参考了这本手册的一些章节。

图 1-2 展示了本指南各章节的内容。第 2 章首先回顾了一些基本的评估原则，讨论了将这些基本原则应用于地理标志计划时可能出现的一些问题。第 3 章论述了地理标志计划可能对可持续发展的不同维度（经济、社会和环境）

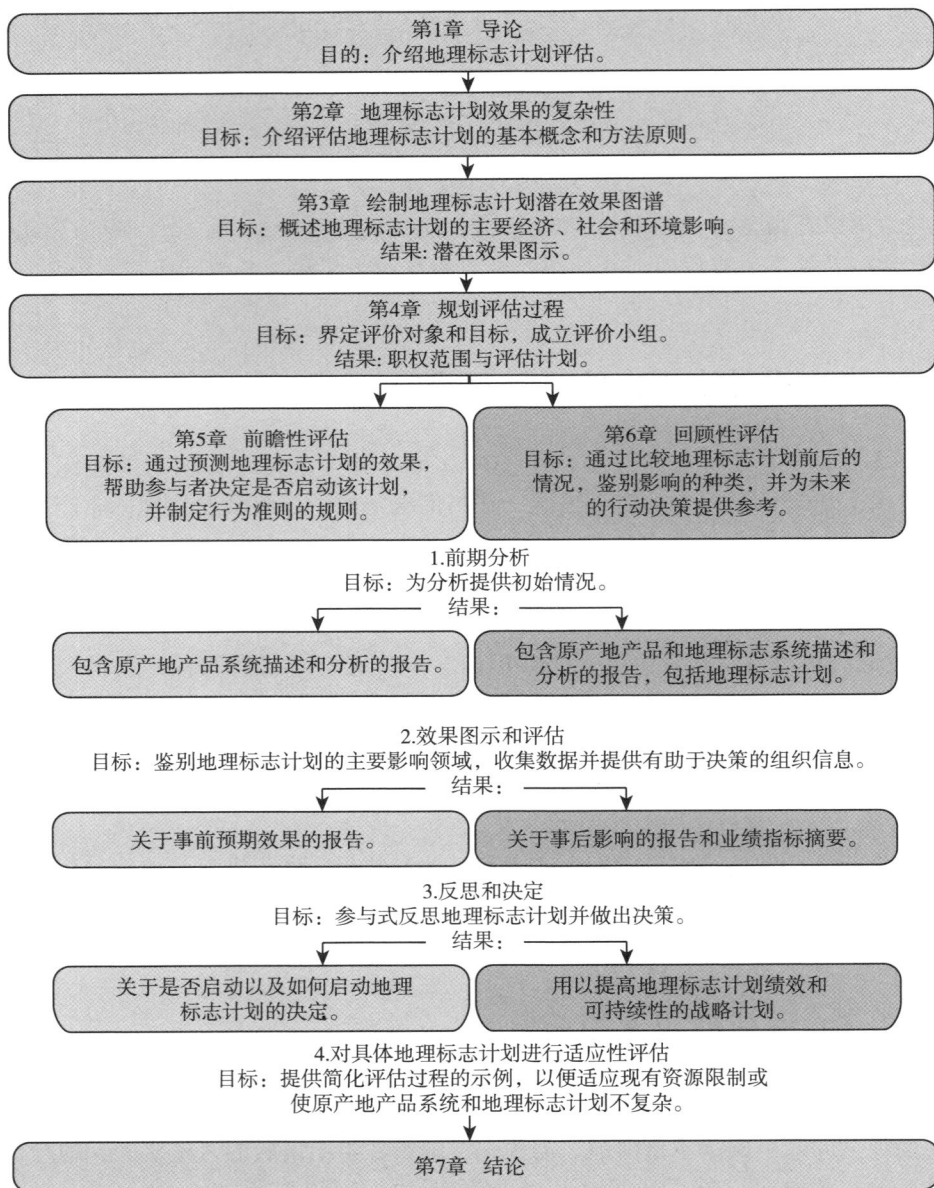

第1章 导论
目的：介绍地理标志计划评估。

第2章 地理标志计划效果的复杂性
目标：介绍评估地理标志计划的基本概念和方法原则。

第3章 绘制地理标志计划潜在效果图谱
目标：概述地理标志计划的主要经济、社会和环境影响。
结果：潜在效果图示。

第4章 规划评估过程
目标：界定评价对象和目标，成立评价小组。
结果：职权范围与评估计划。

第5章 前瞻性评估
目标：通过预测地理标志计划的效果，帮助参与者决定是否启动该计划，并制定行为准则的规则。

第6章 回顾性评估
目标：通过比较地理标志计划前后的情况，鉴别影响的种类，并为未来的行动决策提供参考。

1.前期分析
目标：为分析提供初始情况。
结果：

包含原产地产品系统描述和分析的报告。

包含原产地产品和地理标志系统描述和分析的报告，包括地理标志计划。

2.效果图示和评估
目标：鉴别地理标志计划的主要影响领域，收集数据并提供有助于决策的组织信息。
结果：

关于事前预期效果的报告。

关于事后影响的报告和业绩指标摘要。

3.反思和决定
目标：参与式反思地理标志计划并做出决策。
结果：

关于是否启动以及如何启动地理标志计划的决定。

用以提高地理标志计划绩效和可持续性的战略计划。

4.对具体地理标志计划进行适应性评估
目标：提供简化评估过程的示例，以便适应现有资源限制或使原产地产品系统和地理标志计划不复杂。

第7章 结论

图 1-2 本指南的结构：综览

产生的广泛潜在影响，并梳理了评估地理标志计划时需要考虑的最相关方面。接下来的章节提供了评估地理标志计划的实用指南，首先介绍了启动评估流程的初始步骤，随后分别阐述了前瞻性评估和回顾性评估两种场景，旨在将第 2 章和第 3 章提出的一般原则付诸实践。为此，指南明确了评估流程中的主要步骤，这些步骤相互关联，每个步骤都为下一个步骤提供入口。在最后一个步骤中，评估结果将用于提升地理标志计划的绩效和可持续性。

前瞻性评估和回顾性评估都有一个确定评价的目的并提出具体问题的起始阶段。在这一阶段，将任命一个评估小组，并制订一项评估计划，列出所有必须开展的活动。

创立地理标志计划的利益相关者倾向于前瞻性评估（第 5 章），而管理正在进行的地理标志计划的利益相关者侧重于回顾性评估（第 6 章）。然而，鉴于事前和事后之间的循环性，所有利益相关方都应考虑前瞻性和回顾性两种评估。事实上，创立地理标志计划的利益相关者必须考虑设计一个监测事后影响的系统。同时，那些参与现有地理标志计划的人应该反思在事前阶段做出的选择。这不仅有助于了解事后效应的原因，也有助于找出可能的修正方法。第 5 章和第 6 章均探讨了如何使评估流程适应具体的地理标志计划。对于那些因可用资源有限，或因原产地产品体系及地理标志计划的自身特点而对评估工作构成限制的情况，这两章通过案例演示了如何开展既简化又严谨的评估工作。

2　评估地理标志计划效果的复杂性

本章的目的有二：其一是帮助利益相关者了解什么是地理标志计划，以及其产生的复杂影响；其二是解释评估地理标志计划的意义、为什么重要，以及评估的基本原则和方法要点。

2.1　地理标志计划与原产地产品体系

地理标志计划旨在通过制定一系列明确的规则来提升原产地相关产品。这些规则需要当地生产者团体与其利益相关者在使用地理标志时遵守和执行。

尽管地理标志计划可能因产品类型（如新鲜或加工）、发起计划的行为者类型（如农民群体、生产者协会或非政府组织）、用于监管地理标志的规范工具和系统的经济规模而异，但本指南主要侧重于具有以下要素的计划：

- 通用和共享规则：当地生产者和其他利益相关者就其原产地产品的身份和地理标志使用标准达成一致意见。这种一致意见必须包括界定有关生产区域的地理边界、保证和保持产品的独特性的原材料特性和生产技术规程，以及产品上市后必须具备的质量特征等方面的规则。这些规则通常写在一份名为"操作规范"或"产品规格"的文件中。
- 通用标签：通用地理标志标签，这可能是一个简单的地理名称，它表明产品符合通用规则，从而减少生产者和消费者之间的信息差距，使集体营销成为可能。
- 生产者集体组织：将农民、加工者和价值链中的其他利益相关者聚集在一起。在地理标志计划制订阶段，它为规则的讨论和拟定提供了平台。此后，生产者集体组织通过开展集体行动，保护集体标签免受不公平使用，通过集体营销行动提升地理标志，加强生产者之间的协作，建立集体设施，并向生产商提供技术援助和信息服务。这种集体组织的诞生本身可以被视为地理标志计划的积极结果。
- 管控与检验体系：这一保障体系负责核查生产者是否遵守《行为准则》中规定的集体规范，以及市场上是否存在滥用地理标志的情况，从而避免了生产商之间的不公平竞争，并向客户和消费者提供了地理标志产品质量保真担保。因此，培养了人们对地理标志产品的信心，地理标志的声誉也与日俱增。

➡ 插文7 定义

原产地产品体系和地理标志体系

原产地产品体系

原产地产品体系是一个包括参与原产地产品的生产、分配和推广做出贡献的所有利益相关者的网络。这些利益相关者包括生产者（农民、加工者和在原产地产品价值链中运营的其他企业），以及直接或间接参与价值链的所有其他利益相关者，如商人、公共机关、非政府组织、研究机构和推广服务者。尽管这些行动者之间保持或多或少相对紧密的联系，但是原产地产品体系中的所有行动者都是以某种方式联系在一起的，他们的活动相互关联、相互依存，即相互影响。

地理标志体系

地理标志产品的生产体系（即地理标志体系）是原产地产品体系的组成部分，由参与某项地理标志计划的生产者及其他利益相关者构成。这些利益相关者通过组建带有地理标志规则的协会，形成了一个具有治理结构的更正式网络。

原产地产品体系包含不同类型的利益相关者	地理标志计划激活聚合动力学	地理标志规则在地理标志体系内定义了原产地产品体系

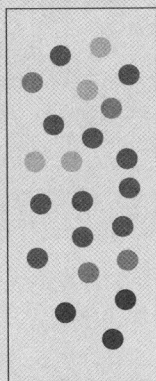

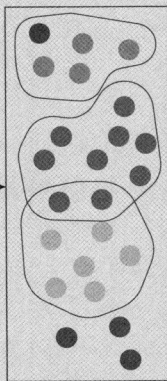

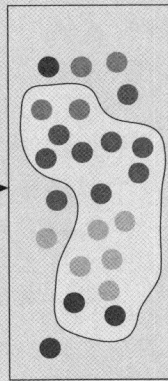

不同深浅度的点代表原产地产品中不同类型的利益相关者、农民、加工商、非政府组织、公共机构等。	当地理标志计划启动时，拥有相同目标和期望的利益相关者之间会形成联盟。	一旦地理标志计划启动，共同规则和其他因素可能会限制一些生产商和其他利益相关者参与。

原产地产品体系中的地理标志体系

资料来源：作者制作并阐述。

地理标志计划为原产地产品体系中的地理标志生产者制定具体规则。如插文 7 中所强调的，地理标志计划包括不同类型的利益相关者，每个利益相关者都将自己的立场、愿景、期望和目标纳入其中。地理标志计划的要旨是为地理标志生产者带来利益，除此之外，也可能惠及原产地产品体系中的其他利益相关者。

一般地，并非所有原产地产品体系中的利益相关者都参与地理标志计划，因为并非每个人都可以加入该计划并使用地理标志标签来营销其产品（见插文 8）。即使是遵守行为准则规定的生产者，也需要决定是否参与地理标志计划并在其产品上使用地理标志标签；考虑到生产和营销特点，只有在有利可图的情况下，他们才会加入其中。此外，一些利益相关者可能会在其后加入该计划，而也有人可能会随着时间的推移放弃该计划。加入地理标志计划的生产者和其他利益相关者组成了地理标志产品的生产体系（即地理标志体系），这是更广泛的原产地产品体系的一个子系统。

> ### ➤ 插文 8　地理标志计划的实施
>
> **意大利"科隆纳塔猪油"①原产地产品体系中的地理标志体系**
>
> "科隆纳塔猪油"是一种地理标志肉类产品（猪脂肪），被欧盟（EU）认定为受保护地理标志（PGI）产品。其地理标志计划的界定过程复杂且耗时。事实上，在启动该地理标志计划、拟定用于界定地理标志体系规则的《操作规范》期间，各利益相关者之间便出现了意见分歧。生产区域地理边界的划定是争议最大的问题之一。该地理标志计划的发起者认为，生产区域应仅限于科隆纳塔这个小村庄——那里仅有少数小型手工生产者开展经营活动。然而，位于附近平原地区的其他生产者则主张扩大生产区域范围。生产工艺的界定是第二个争议点。发起者提议仅允许使用传统生产工艺（即让脂肪
>
> 科隆纳塔腌制熟成肥猪肉
> 受保护地理标志
>
> 在天然冷藏的洞穴内，置于小型大理石盒中进行熟成）；其他生产者则认为

---

① 科隆纳塔猪油，是意大利一种以本地黑猪的猪背油或肥五花为原料，用盐、迷迭香以及其他香草香料腌制，放入温湿度恒定的大理石槽中熟成的猪油制品。该地持续刮着的山风为猪肉熟化提供了理想条件，经过 6 个月的时间将变成人们念念不忘的美味，可直接吃，也可以做成比萨、小食等，滋味妙不可言，口感绵密，入口即化。据考证，科罗纳塔腌制熟成肥猪肉的食用可以追溯到古罗马时期，最初是当地开采大理石的矿工们的能量食物。——译者注

应允许采用更现代化的产品熟成技术（如人工制冷和使用塑料盒）。最终，
经过长期激烈的讨论，规则的制定遵循了发起者的意愿，从而保留了产品
的历史特性和当地文化，这也强化了该产品在市场上的形象和声誉。由此
形成的地理标志体系仅涵盖了原产地产品体系中的部分生产者。实际上，
那些位于划定区域之外的生产者，即便其产品几乎符合所有受保护地理标
志的规则，也无法参与该地理标志计划或使用这一受保护地理标志。此外，
也并非所有位于划定区域内的生产者都参与该地理标志计划并使用这一受
保护地理标志。

2.2 地理标志计划效果的复杂性

启动地理标志计划所产生的效果是错综复杂的。其复杂性主要源于以下
方面：
• 原产地产品。
• 地理标志计划。
• 为推广地理标志产品而实施的其他行动。
• 原产地产品体系运行的外部环境。

2.2.1 原产地产品

地理标志计划产生效果的幅度和类型取决于原产地产品的特性。总体而
言，原产地产品具有如下主要特性，这些特性在很大程度上决定了地理标志计
划的影响：
• 原产地产品与各类特定的当地资源相关联。原产地产品是复杂生产体系的
  产物，这类体系与多种特定的当地资源（包括自然资源和人力资源）密切
  相关。因此，原产地产品与原产地域之间存在着非常紧密的多维联系；在
  其他条件相同的情况下，这种联系比其他类型产品更为紧密。地理标志计
  划不仅会影响价值链的运作，还可能对特定的当地资源（即本地品种的动
  植物、土地管理特征、土壤质量以及农业种植和加工方面的本地知识与技
  能）产生重大影响，而这些资源正是原产地产品独特品质的基石。必须对
  特定当地资源使用的可持续性进行审慎评估，因为它是原产地产品体系和
  地理标志产品可持续性的基础，进而也是地理标志体系中长期经济表现的
  基础。
• 原产地产品构成了当地名片和遗产的一部分。原产地产品是当地历史发展
  的结果，构成了当地社区遗产的一部分。因此，也成为当地名片和文化的

13

组成部分，而不仅仅是一种"产品"。地理标志计划能够在多大程度上保护和提升产品的特性，对产品的声誉和地理标志计划的成功，以及当地生产者团体和其他利益相关者的社会凝聚力，都是至关重要的。

- 原产地产品是集体财产，需要采取集体行动。原产地产品的声誉不是建立在一个生产者的基础上，而是整个原产地产品体系的结果。该系统基于特定的生产方法，在整个历史中不断发展，而这一方法恰恰是使用当地特定的资源，并赋予产品独特的品质。因此，地理标志被视为一种由当地生产者团体所共有的特殊知识产权。原产地产品体系内的相互影响通常很强，因为个人行为会影响原产地产品的声誉，进而影响所有生产者。因此，需要采取集体行动，保护产品质量及其在市场上的形象，避免声誉受损。

- 原产地产品连接起当地其他经济活动。除了被生产者使用外，原产地产品的价值和形象也可能被当地其他经济和社会人员使用，比如那些活跃在美食、旅游或非食品手工制品等方面的生产者。因此，评估地理标志倡议对其他活动可能产生的影响也是非常重要的。

这条因果链因上述种种原因而显得复杂，它一方面将地理标志计划与使用地理标志标签相连，另一方面将其与它产生的影响相连，因而它产生的影响也可能是各种各样的。地理标志计划对不同参与者有不同影响，这取决于他们的特征，比如有的大、有的小，有的手工制作、有的工业生产，也取决于其在原产地产品体系中以及在价值链上的地位安排，比如是农民、加工者还是零售商。

由于原产地产品具有多维性质属性，地理标志计划可能会改变当地环境和其他地域资本。因此，它们可能会对原产地产品体系及整个区域的可持续发展产生显著影响（见插文9）：

- 经济可持续性：地理标志计划可能在盈利能力、竞争力、进入并快速适应新市场方面既对单个生产者产生影响，也对作为整体生产系统的经济组织产生影响。

- 社会可持续性：由于原产地产品涉及文化遗产和当地传统，地理标志计划可能会使特定类别的文化遗产传承人（如小农户或妇女）受益，从而影响社会可持续性。此外，地理标志计划能够增强农村地区人与人之间的联系，并促进建立协会和合作社等集体组织。

- 环境可持续性：由于原产地产品可能是面临基因侵蚀风险的当地品种或种类，或者与传统农业系统及其相关环境，以及景观保护等方面有关，因而可能会对环境可持续性产生影响。

对地理标志计划的评估揭示了对计划和整个原产地产品体系的可持续性至

关重要的因素。这些信息可用于改进该计划的经济、社会和环境绩效。

> ➡ **插文 9 地理标志计划的实施**
>
> **地理标志计划和可持续性：杰巴无花果**（突尼斯）
>
> 　　杰巴是突尼斯西北部的一个小镇和古代考古遗址，它位于山脉脚下，为杰巴地区提供了一个特殊的小气候：雨水充沛、阳光充足且气温较高，这些条件有利于无花果树的生长。一种特殊的无花果品种，Bouhouli，只在这个地区栽种。一部分 Bouhouli 无花果通过传统方式脱水，果实通常铺散在阳光底下，干制的无花果往往浸泡在橄榄油中。无花果种植一直是该地区几代农民的重要生计来源，无花果的生产和加工受人们对该区域特点了解的地方性知识影响，杰巴每年都会组织一次无花果节。然而，当地生产商在试图巩固无花果业务时，遭遇了许多困难，包括市场上出现的假货仿品。为了处理这些问
>
> 杰巴无花果
>
> 题，一个当地团体在地方和国际机构的支持下，制订并实施了一项地理标志计划。如今，杰巴无花果经官方注册，并受到原产地定价（AOC）保护。地理标志计划有助于提高当地杰巴无花果生产系统在三大核心方面的可持续性绩效：
>
> - 经济可持续性：当地无花果生产得到保护，使该地区 800 名小农户受益。许多旅游活动包括杰巴无花果节在内的一些与无花果生产相关的活动，带动了旅游业的发展。
> - 环境可持续性：当地特有的无花果品种 Bouhouli 得到了保存和估价。由于无花果是杰巴山区为数不多的可种植作物之一，保护无花果树也有助于维护该地区的传统农业景观。
> - 社会文化可持续性：杰巴无花果生产的推广有助于保护当地知识，吸引年轻人投身农业，并鼓励妇女参与手工加工环节。

2.2.2　地理标志计划

　　地理标志计划是集体努力的结晶，会影响价值链上的众多生产者及其他利益相关主体。严格来说，这些计划可能会对整个价值链的组织和运营产生影响，从而影响价值的创造与分配。

地理标志计划基于正式界定的通用规则，这些规则赋予（或剥夺）生产者使用地名的权力。生产者应该意识到，与这些规则（包括某些遗漏的规则）相关的任何选择都可能带来不同后果。在这方面，关系最为密切的是：

- 行为准则中约定的规则在消费者眼中形成的产品差别程度。
- 注册地理标志的法律工具的选择，保护其在多大程度上免受欺诈。
- 管理地理标志计划的具体集体行动的有效性。如可以使地理标志计划效果倍增的宣传推广活动。

生产者的任何决策都可能产生多重影响。这些影响可能是：

- 预期的或出乎意料、不可预见的，如"我们没想到我们能产生这种效果"。
- 有意或无意的，如"我们不想造成如此重大的负面影响"。
- 积极的或消极的，对某些参与方是积极的，对另一些参与方则是消极的；或者根据某些标准（如经济标准）是积极的，而根据其他标准（如环境标准）则是消极的。
- 立即显现的，滞后显现的；可能一开始是积极影响，后来是消极影响，或者相反。

并非所有生产者都能平等地积极参与地理标志计划，某些生产者可能无法完全参与其中。因此，地理标志计划可能会以不同的方式影响不同类别的参与者。

地理标志计划可能会使行动者和行动者群体的行为发生重大变化，改变他们的知识、态度和技能，这些变化主要是由地理标志计划的过程设计和管理方式引起的，也可能源于计划的最终结果，如，带有地理标志标签产品的销售量和价值。

2.2.3 旨在提升地理标志计划效果的其他行动

本指南所定义的地理标志计划，即制定一套地理标志名称或标识的使用规则，是更广泛战略或一系列行动的组成部分。这些战略和行动旨在提高地理标志产品生产与营销的成效，从而惠及当地社区和本地生产者。

仅制定一套地理标志使用规则，或许并不足以让原产地产品体系在经济、社会和环境可持续性方面充分发挥潜力。根据具体情况，可能需要开展其他补充性行动，以充分发挥地理标志计划对可持续性的影响。例如，为帮助生产者遵守《操作规范》的规则，可为其提供技术指导或配备技术设备；同样，可能需要建立集体加工和包装单位；同时，针对中间商（如批发商和零售商）或终端消费者开展营销活动，可能会提升地理标志标识在市场上的价值。

很难将地理标志计划的影响与更广泛的战略影响分开来考虑。例如，对生产者收入的积极影响是源于他们遵守行为准则中关于使用地理标志标签的规定，还是源于针对超市的营销活动？在评估过程中必须认真考虑这个问题，记住地理标志计划通常是支持和激励其他行动的驱动因素，并且这两类行动通常是相互关联的。如果是这样，评估考虑的，可能不仅是地理标志计划本身，还要考虑更广泛的地理标志执行过程中相互关联的行动（见插文10）。

> **➡ 插文10　地理标志计划的实施**
>
> **广泛战略中的地理标志计划：塔利温村（Taliouine）的藏红花（摩洛哥）**
>
> 　　几个世纪前，阿拉伯商人将藏红花引入摩洛哥。藏红花是世界上最昂贵的香料之一，对摩洛哥文化至关重要，被称为"摩洛哥的赤金"。藏红花主要用于该国的传统美食，因其着色特性而用于工艺品，也用于医药和化妆品中，特别针对妇女的。塔利温村的藏红花在摩洛哥国内市场上享有很好的声誉。该品种种植在塔利温村和塔兹纳赫特（Taznakht）地区，该地区位于一个非常特殊的山区，这里的气候为半干旱至干旱气候；该品种是使用传统的球茎培育和柱头制备技术种植，尤其适合妇女栽种。2010年，在摩洛哥农业和渔业部
>
>
>
> 厨师实地考察摩洛哥妇女收获藏红花
>
> 2008年关于"独特原产地质量标志"的法律框架内，塔利温村藏红花注册了受保护原产地名称。应摩洛哥政府的要求，粮农组织在其更广泛的战略框架内支持了这一决定，该战略旨在通过推广小农户的产品来促进农业发展，即"绿色摩洛哥计划"。这项国家政策通过合作社支持了地理标志计划的组织发展（2010—2014年，该国PDO合作社的数量增加了7倍），并通过支付第一年的PDO认证费向生产者提供财政支持。
>
> 资料来源：粮农组织和欧洲复兴开发银行，2018。

2.2.4　原产地产品或与原产地相关产品体系运行的外部环境

　　地理标志计划的效果可能因其实施地区的社会经济、自然和政治背景的特点而有所不同。尤其与以下特征相关：

• 产品类别（如葡萄酒、橄榄油或新鲜蔬菜）的价值链和市场的一般特征及

其演变。

- 实施地理标志计划所在区域的总体特征，这些特征可能会增强或减弱该举措的效果（例如，是否存在可吸引游客的自然或文化资源，以及该区域的交通可达性）。
- 国家和地区层面的政策和配套措施能够促进地理标志产品开发，或帮助生产者进入地理标志计划并使用集体标签。这类政策的案例包括为集体包装厂提供资金或信贷，对小企业而言，这两者均非常有用。在某些情况下，地理标志计划是公共机构或非政府组织实施的促进地方发展广泛战略的一部分。
- 法律框架及其执行制度的特点决定了原产地产品或与原产地相关产品在多大程度上受保护而不被模仿，以及中介买家和最终消费者对担保制度的信心。

2.3 方法论问题

评估是一个非常复杂的事情，特别是当它涉及处理社会层面的问题时。而且当评估被当作一种生产可用于决策的可靠信息的活动，而不是被视为一种方法论式的学术活动时，就会变得更加复杂。因为有大量关于评估方法和技术的文献（参见本指南的"推荐阅读材料"部分），本节只阐述由于原产地产品体系和地理标志计划的特殊性而需要特别关注的一些重要问题。

2.3.1 比较的必要性

地理标志计划可被视为影响原产地产品体系、该体系内的生产者及其他利益相关者（无论其是否参与该地理标志计划）以及更广泛本地环境的"事件"。衡量任何干预措施或政策的效果都需要一个参照标准，即该事件（地理标志计划）未发生的类似情境。比较方法主要有两种：

- 历时性方法：历时性方法以比较单个原产地产品体系干预前后的状态为基础，该方法通常需要在实施地理标志计划前进行基线研究，以描述原产地系统的初始状况；接着再进行一项期末研究[①]，然后将该计划实施后的期末情况与基线情况进行比较，凸显前后变化。
- 共时性方法：共时性方法的基础是比较一个有地理标志计划干预的原产地

---

① 基线研究指实施干预之前，对被研究对象基本特征的调研，也称作前测；期末研究是指干预执行之后，对被研究对象的调研，也称作后测。通过比较后测与前测的调研结果数据，来分析实施干预带来的变化。在研究中，前测与后测的对象是相同的，实施前后测是为了在理论上理清其他变量对结果的干扰。

产品体系，与另一个除了没有地理标志计划干预外，其他方面均类似的原产地产品体系，没有干预一方也称为"对照事件"。对照事件分析应用的是许多领域常用的实验控制逻辑，如医学治疗效果评估。然而，由于很难找到与实施地理标志计划的原产地产品相似的产品，这种方法存在局限性。

由于原产地产品体系的特殊性，历时性方法便成了评估地理标志计划最常用的方法。在可行的情况下，共时性方法可以作为对某些特定方面进行评估的辅助方法。

2.3.2 解释和干扰因素

地理标志计划的效果主要取决于环境，也可能受到许多事件和外部变量的影响。因此，将地理标志计划产生的影响与影响地理标志体系的其他变量隔离开来并不容易。所以，为评估地理标志计划的影响而收集的有关原产地产品和地理标志体系变化的数据，必须与地理标志计划明确相关。为此，一定要仔细分析该计划，以检查是否存在将地理标志计划与观察到的影响联系起来的因果关系链，或者是否有其他因素或事件产生了这种影响。

2.3.3 找出矛盾的效果

在评估地理标志计划的影响时，往往只分析有益影响。然而，成本和负面影响也需要确定和分析。成本指在地理标志体系层面和企业层面创建和管理地理标志计划本身所产生的成本，如不同利益相关者就地理标志规则达成一致性意见所花费的时间、生产者花费在建立地理标志标签控制系统上的费用。评估也应考虑机会成本，即地理标志计划中使用资产的最佳替代用途的回报，也就是说，如果将地理标志计划中的资产投资于替代经济活动中，会得到什么。

2.3.4 整合定量与定性的方法与数据

任何评估都需要定量和定性方法收集数据的支持。定量方法倾向于使用结构化方法（如对编码好的调查对象进行调研），收集精确的数据，并通过统计和比较方法来进行分析。定性技术旨在用语词文本和定序量表来解释正在发生的事情。定性方法使用观察、访谈、焦点小组讨论、代表性案例研究分析等半结构化技术，对态度和行为进行深入了解。

并非所有因地理标志计划而造成的影响都可以通过计数、比率、百分比等基数和数字来测量和量化。这里建议采用混合方法，因为可以兼采用定性和定量方法的优势，用定量数据测量发生的事情，用定性工具检验其发生的方式和原因。

2.3.5 客观与主观相结合的评估方法

客观评价方法和主观评估方法的区别与定量评估方法和定性评估方法的区分密切相关。客观方法通常要求定量数据，并与参考水平或对照标准进行比较来开展评估。对于被观测的地理标志体系，其参照组和比较对象并非总能找到，或者并非总是有意义的。不过，这个问题可以通过主观方法来部分解决。主观方法基于这样一种观点，即地理标志计划的利益相关者可以根据其期望或地理标志计划实施前的情况，表达他们对所产生影响的看法。主观评估可能受个人因素的影响，例如，一个非常贫困的人可能对价格的适度提高就会表达出十分满足。因此，建议将主观方法与客观方法相结合使用。

2.3.6 外部和内部评估

评估考虑了两大类人员：积极参与到地理标志计划中的局内人和外部人员。谁更适合解释地理标志计划的效果？此外，谁有权对这些影响做出判断？一方面，外部人员在观察和评估效果时可能更客观，因为他们没有直接参与计划。另一方面，局内人通常更加知晓和了解这一计划，并能够更好地表达他们对效果的看法和观点。还有，他们提供有关该计划的数据和信息的成本相对较低。外部评价和内部评估的恰当结合可以为评估过程带来客观性和参与性。

2.3.7 评估是一个永无止境的过程

在地理标志计划实施之前需要进行评估，以预测该计划在实施时可能产生的影响；在实施过程中，也有必要确保当地资源再生产。正如指南《连接人、地与产品》（粮农组织和加强地理标志国际研究项目，2009）所强调的那样，再生产应被视为一个原产地产品良性循环的连续过程，而评估也应视为一种常规做法。除此之外，正如导论中所指出的，前瞻性评估和回顾性评估应被视为同一过程的不同阶段，应该密切结合起来。

2.3.8 区分评估设计、事实分析和判断

评估是一个涉及许多相互关联的行动的过程。除了技术问题外，从方法的角度来看，将 3 个主要阶段区分开来也是极其重要的：
• 筹划：评估的筹划阶段涉及对其目标和范围的界定。这是一项战略活动，由评估发起人执行，指导后面的所有步骤。
• 分析事实：事实分析阶段是对数据的收集和组织。这是一个需要特定能力的技术阶段。
• 判定：一旦收集到数据，就必须详细解读，以明了如何改进地理标志计划。

2.4 评估原则：包容性、公平性和可持续性

评估并非一门精确的科学。它受到评估发起人、评估实施者，以及为评估提供所需财力和人力资源的相关人员的左右。评估也并非是一项中立活动，相反，它或明或暗受到一定的价值观和原则的引导，这些价值观和原则必须在评估开始前有明确界定。这些原则决定了未来评估中的方式和范围、方法工具、具体评估过程，以及数据和指标类型。因此，为了避免过度自我参考，评估的价值观应来自于原产地产品体系之外，例如可将联合国可持续发展目标的价值观当作导向。

评估可能会成为一种权力工具，一些行为者可能会通过强调地理标志计划的某些影响而掩盖另外一些影响，运用这种"项庄舞剑意在沛公"的方式来追求自己的个人利益和目标。

由于原产地产品是当地的集体产物，因此地理标志计划被视为促进当地可持续发展的工具。评估地理标志计划应遵循 3 个基本原则，即包容性和代表性、公平性、持续性。

2.4.1 包容性

地理标志计划通常由仅代表原产地产品体系中部分利益相关者的行动者群体发起。有些时候，地理标志计划只是由私营企业、团体协会、地方政府或非政府组织实施的更广泛战略的一部分。因此，地理标志计划未必是中立工具，而是朝向并非所有利益相关者都认同的特定的目标。每个利益相关者对原产地产品有自己的看法，对地理标志计划有所期待，也有参与其中的能力和利益。如何处理不同利益相关者的期待、目的和看法，以及如何分析地理标志计划对各类利益相关者产生的影响，是评估此类计划的关键所在。所有涉及的利益相关者类型，包括那些无机会进入地理标志计划与使用地理标志标签的，都应通过参与评估过程的不同步骤纳入评估中来。参与评估程度可以用一个连续体来估量：在连续体的一端，当地利益相关者从界定评估范围和目标开始就积极参与决策，而在连续体的另一端，决策是自上而下的，地方利益相关者只是被动观察的对象。如果不赋予各类行动者权力，就无法实现真正的包容性。事实上，边缘的参与者往往不了解地理标志计划的进展情况，以及它的真正意义和影响等。

2.4.2 公平性

地理标志计划可能会改变处于价值链不同阶段的利益相关者（如农民和加

工者），以及处于价值链同一环节中的利益相关者（如小农户和大土地所有者）之间的权力分配。处于弱势的行为者（即财力、人力资源和能力较弱的行为者）要参与地理标志计划，遵守其共同规则，面临的困难可能会更大。

评估应适当考虑计划的成本与效益在价值链不同阶段的参与者之间，以及同一阶段的行动者之间的分配。在评估地理标志计划时，还应考虑被排除在外的情况。

2.4.3 可持续性

对生产者来说，大多数地理标志计划的主要目的是提高价值链或其中部分环节的经济效益。然而，地理标志计划与区域的社会和环境密切相关，如保护传统农业系统和生物多样性、当地传统的生存方式，以及水和土壤等自然资源的使用方式。发起人有责任确保评估范围除了经济影响外，还包括对环境的影响以及对社会和道德的影响（如对性别问题或获得优质食品的机会）。鉴于《2030 年可持续发展议程》和市场对可持续实践需求的日益增长，强烈建议将可持续性的经济、社会和环境三大关键领域全部纳入评估范围。地理标志倡议及其相关行动也可能产生意料之外的影响，发起人必须考虑到所有这些潜在影响，以便根据全面可持续性视角来评估一项计划。第 3 章中提供的影响图可作为参考，以确保评估涉及广泛的影响。

2.5 调整评价方法适应现有资源和地理标志体系类型

评估过程应受到成本效益的指导。评估可能是极具挑战性的过程，需要大量资源，因此不能是即兴活动。评价需要对相互关联的活动进行规划、分配责任和制订评估计划，包括计划活动的时间安排。

用于评估的资源因具体情况而异。评估是复杂的，这取决于许多因素：原产地产品体系的特征（包括区域的大小、生产者的数量和异质性、价值链中的环节数、营销渠道的多样化等）、通则的数量与细节（通则的数量越多，评估就越复杂），如果开展其他相关活动，那么确定地理标志计划的直接因果关系则变得更难。

评估越复杂，执行评估所需的时间和人力及财力资源就越多。资源的分布肯定是反映评估范围的，反之亦然。在某些情况下，现有的财力和人力资源会限制评估范围，极大简化评估工作。这可能意味着：

- 侧重关注地理标志计划的主要特定目标，同时兼顾其影响的多维性（包括经济、社会和环境影响，预期和意料之外的影响）。
- 使用简化的方法，同时保证结果的质量底线和可靠性。评估过程中可能产生一些偏见。例如，选择偏差是由于对样本群体的选择不足，即测量的样本不能代表利益关系的参与者的所有类型，而时间偏差则源于影响分析所跨的时间太短。

总之，地理标志计划评估是一项由各式各样任务组成的高度复杂的活动，需要大量的专业知识和资源。本指南中介绍的一般方法、阶段和活动适用于所有评价工作。采取严格的方法，为旨在提高地理标志计划绩效的决策提供必要和可靠的信息。同时，每项评估工作都适应现有资源与计划的具体目标。因此，下一章节将提出灵活的、适应各种情况的方法。

接下来的第 5.5 节、第 6.5 节以及附件 2 和附件 3，就为如何在资源有限的情况下简化和调整评估方法和管理提供指导。关于前瞻性评估和回顾性评估的章节中，举例介绍了如何针对小型地理标志计划简化并定制称身的评估。

3 绘制地理标志计划潜在效果图谱

地理标志计划对生产者的业务、当地经济和社会以及环境等各方面可能产生各种各样的影响。本章系统叙述了潜在的影响类别，这一影响导图将为实施评估提供参考。

3.1 效果的类型

依据不同的标准，可对地理标志计划的影响进行分析和分类，主要标准有：
- 影响的主要领域：经济的、社会的与环境的。
- 影响的层次：单个生产者、地理标志体系、原产地产品体系或更广泛的区域。
- 地理标志计划与可观测影响之间因果链的长度与复杂性。

因果关系的长度和复杂性是一个特别有意义的标准，因为它强调了行动和影响之间的因果关系链（见插文 11），尽可能把地理标志计划（即行动）与影响之间的直接关系离析出来。

> **➡ 插文 11 定义**
>
> **因果链**
>
> 因果链是一种有序的相互关联的事件序列，在其链上的每个事件（的发生）都会引发下一个事件。

根据这一标准，通常将影响分为 3 个层次来分析（见插文 12）：
- 产出（一阶效果）是首位的和直接的结果。它取决于生产者参与地理标志计划的程度，以及采纳其前瞻性评估与回顾性评估（提升建议）的程度。
- 结果（二阶效果）是产出带来的直接效应。它可以被认为是地理标志计划带给参与者的，将要发生或已经发生的有利的或不利的直接后果。
- 影响（三阶效果）是指地理标志计划的间接意图和非预期结果，不是参与者对地理标志计划期待的直接和立刻影响。它们涉及更广泛，特别是对地方一级的经济、社会和环境层面所引起的变化。社会和环境层面对地理标志计划的可持续性至关重要，因为这些层面会影响计划成功所依赖的许多类型的当地区域资本。三阶效果即使是地理标志计划目标的一部分，其发生也取决于原产地产品体系内的经营者对地理标志的实际运用。

产出、结果和影响对应于地理标志计划与其效果之间因果链的不同长度。这样的区分是十分确切的，随着分析从一阶效果向三阶效果挪移，测定地理标志计划影响的复杂性和不确定性将逐阶增加。

> ➡ **插文 12　地理标志计划的实施**
>
> **地理标志计划的产出、结果和影响**
>
> **产出：使用 PDO 的意大利托斯卡纳羊奶酪的生产者数量**（意大利）
>
> 托斯卡纳羊奶酪（Pecorino Toscano）于 1996 年正式注册，从那时起，部分或全部使用 PDO 的奶酪生产商数量显著增多。2014 年，有 22 家企业，也即行为准则覆盖地理区域内 17% 的奶酪制造商使用了 PDO（Belletti、Brazzini 和 Marescotti，2014）。
>
> **结果：使用地理标志巴斯马蒂香米的福利效应**
>
> 为了评估使用地理标志巴斯马蒂水稻的福利效果，对印度北部北阿坎德邦的 300 户水稻农户进行了调查。调查结果表明，种植巴斯马蒂水稻比种植非地理标志品种更有利可图；采用地理标志的家庭的净收入有所增加。除了更高的收益率之外，采用地理标志的原因还包括获得更多的培训服务、风险规避以及家庭劳动力的使用价值（Jena 和 Grote，2012）。
>
> 托斯卡纳羊奶酪
>
> **影响：使用受保护地理标志罗克福尔干酪对土地利用的影响**
>
> 受保护地理标志罗克福尔奶酪（法国）行为准则中，绵羊繁殖和饲养规则的变化，促使农民制定了利用土地的替代策略。根据这一替代策略，农民认为牧场是一种宝贵的资源。通过增加牧场放牧的使用，新战略提供了一种更有效的方法来控制灌木和树木对牧场的蚕食，从而对当地环境产生了积极影响（Quétier、Marty 和 Lepart，2005）。

第 3.2 节、第 3.3 节和第 3.4 节分析了 3 个层次的影响及其主要类别和子类别。在评估地理标志计划时，必须考虑所有影响，包括相互关联的影响（见

插文 13）。事实上，只有仔细考虑包括环境和社会影响在内的所有影响，才能确保该计划的可持续性和收益率。

> **➡ 插文 13　评估建议**
>
> **相互关联的影响**
>
> 　　不同类型的影响之间存在相关联系。例如，价格的变化将影响收益，那么对价格和收益的影响都要评估。评估人员在评估过程中必须对这些相互关联的影响给予适当考虑。

以下各节分别提供了不同类影响的导图，在实施评估过程中，应把这些导图作为参考工具（见第 5 章和第 6 章）。

重要的是评估不同类别的影响，不仅针对地理标志体系内不同类别的参与者，而且针对整个原产地产品体系中的参与者（另见第 3.4 节）。

3.2　产出（一阶效果）

3.2.1　产出导图

产出是一阶效果，由生产者使用地理标志的程度和类型决定。产出通常被视为衡量地理标志计划是否成功的简略指标，可分为不同类别，如图 3-1 所示。

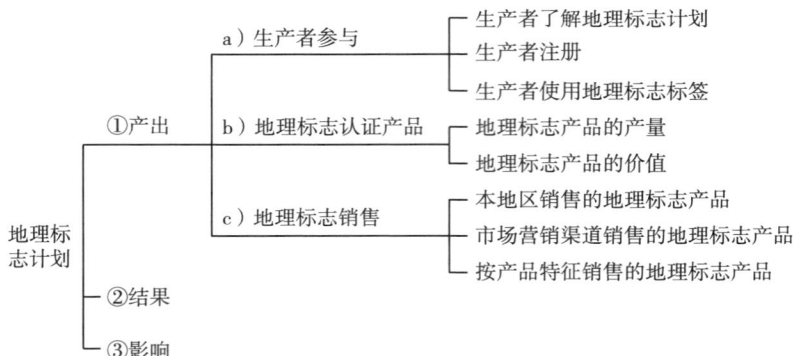

图 3-1　评估地理标志计划时要考虑的主要产出
资料来源：作者制作。

3.2.2　参与地理标志计划的生产者

生产者的参与是衡量地理标志计划有效性的第一个简略指标。事实上，决定参与地理标志计划并遵守其行为准则操作规范的生产者认为，他们能从中获得某些好处。生产者的参与是地理标志计划产生二阶效应和三阶效应的先决条件。

生产者的参与程度可以根据不同的标准进行评估：

- 了解地理标志计划和行为准则内容的生产者数量。这一产出在很大程度上取决于地理标志计划的建立过程，参与其中加强了生产者的认知，并可能通过推广地理标志规则和标签活动的具体细节得到强化。

- 经授权参与地理标志计划并使用地理标志标签的、登记在册的地理标志生产者的数量。这些生产者必须遵守行为准则中规定的要求，例如位于地理标志的地理区域边界内，种植行为准则操作规范允许的品种等。

- 使用地理标志标签的生产者数量。通常，并不是所有注册的地理标志生产者都使用地理标志标签来营销他们的产品。其原因可能是因为他们的产品未能达到行为准则操作规范规定的最低质量要求、市场条件不利、对地理标志计划不太信任，或持观望态度等。

产出的评估可基于生产者的绝对数量及其随时间的变化情况。另一个评估标准是生产者的占比（或其变化趋势），例如实际使用该地理标志的生产者在已注册生产者总数中所占的比例，或是已注册生产者在该地区所有符合《操作规范》要求的生产者总数中所占的比例（即潜在使用者数量，这一数字可能远高于已注册生产者数量）。这些指标应按不同生产者类别分别测算：首先按其在价值链中的位置（如农民、加工商等）划分，再按其他特征（如地理位置为平原或山区、经济规模为小型或大型农场、现有技术水平为手工生产者或工业化生产者等）进一步细分。通过这种方式，能够更详细地考量地理标志计划带来的排斥效应。

3.2.3 标有地理标志标签的产品

地理标志计划旨在通过地理标志标签帮助生产者更好地营销其产品。因此，贴有地理标志标签的产品数量是重要的产出指标。由于地理标志用户的生产规模和标签使用水平不同，因此该数量与地理标志用户的数量没有直接关系。

生产商可以决定在整个生产过程中是否使用地理标志标签，也可以部分使用，或者根本不使用。这一决定取决于一系列复杂因素，包括市场条件、成本-收益率、个体的市场策略，以及生产者的个性特征，如生产规模、市场渠道、现有技术、独有秘方、信息途径等。与大型生产商相比，小型生产商在把握地理标志计划潜力方面可能受限于信息不足，或装备不足，或二者兼而有之。

带有地理标志标记产品的产量产出可以根据销售产品的数量和价值来衡

量，这两种衡量方法是相关的。销售产品的数量可以抵消价格或通货膨胀的影响。允许对数据进行汇总，并推算地理标志标签产品的营业额占其他货币总量的份额。分别估计地理标志产品在农场、加工厂与流通不同环节中的价值。

对生产者数量的分析可借助以下指标进行，这些指标反映了：

- 绝对值及相关占比（如带有地理标志的产品数量在总生产量和销售量中所占的比例）及其随时间的变化。
- 不同类别的生产者，需结合其在价值链中的位置（如农民、加工商等）或其他特征（如地理位置、经济规模、企业现有技术水平）来考量。

3.2.4 地理标志产品的销售

地理标志计划对不同市场会产生不同的影响。地理标志计划为消费者提供了与特定原产地相关的质量保证，通常会对那些远离产地的买家和消费者产生更大的影响。因此，地理标志计划的影响可以根据不同市场上的销售量和价值（总量和份额，以及它们随时间的变化）来衡量，并按以下方式分类：

- 市场的地理范围：当地、本区域、本国和国际。
- 营销渠道的种类：直接渠道、短渠道和长渠道。
- 销售点的特点：农场网点、批发经营、小型零售网点、超市等。

3.3 结果（二阶效果）

3.3.1 结果导图

结果涉及建立地理标志计划和使用地理标志标签对当地生产者（个人和集体）和整个地理标志体系的直接影响（图3-2）。这些影响涉及：

a）生产者的经济绩效。

b）地理标志体系的结构和功能。

c）市场、买家和消费者。

3.3.2 影响生产者经济状况的结果

生产者创立和参与地理标志计划的主要目的是提高其经济绩效，公共管理机构感兴趣的是加强地理标志体系的经济可持续性。对生产者经济绩效的评估可分解为地理标志计划对价格、成本和收益产生影响的分析。地理标志计划可能会对生产商产生其他经济影响，例如开辟新的营销渠道和稳定收入。鉴于这些影响的分布并不均匀，因此也应该分析其在不同类型的生产者中的分布。

地理标志计划
- ①产出
- ②结果
  - a）生产者的经济绩效
    - 价格
      - 地理标志产品的价格溢价
        - 比较类似产品
        - 在价值链的不同环节
        - 在不同市场
      - 地理标志产品的价格稳定性
        - 比较类似产品
        - 在价值链的不同环节
        - 在不同市场
    - 成本
      - 检验和认证
      - 对生产工艺改造的投资
      - 提高原材料和其他投入价格
      - 与地理标志使用相关的管理负担
      - 其他成本
    - 利润
      - 利润
        - 个体的（在单个生产者层次的）
        - 总体的（在地理标志体系层次的）
      - 回报
        - 个体的（在单个生产者层次的）
        - 总体的（在地理标志体系层次的）
      - 附加值
        - 个体的（在单个生产者层次的）
        - 总体的（在地理标志体系层次的）
    - 其他经济影响
      - 新地理区域市场
      - 新营销渠道
      - 市场多元化
      - 业务稳定
      - 地理标志企业声誉提升
      - 对企业其他产品的影响
      - ……
    - 影响分布
      - 垂直（沿地理标志价值链）
      - 水平（在地理标志价值链的每个阶段内）
      - 地理标志体系外
  - b）地理标志体系的结构和功能
    - 地理标志体系结构
      - 生产者数量
      - 生产者规模
      - 生产者类型
    - 地理标志体系集体组织
    - 地理标志生产商之间的协调
      - 横向协调
      - 纵向协调
    - 投资和创新
    - 弹性
  - c）市场、买家和消费者
    - 减少滥用地理标志和仿制品
    - 地理标志产品的曝光度
    - 消费者的了解与欣赏
      - 地理标志产品知识
        - 最终消费者
        - 专业消费者
      - 地理标志产品的感知品质
        - 最终消费者
        - 中间的购买商
      - 地理标志产品付费的意愿
- ③影响

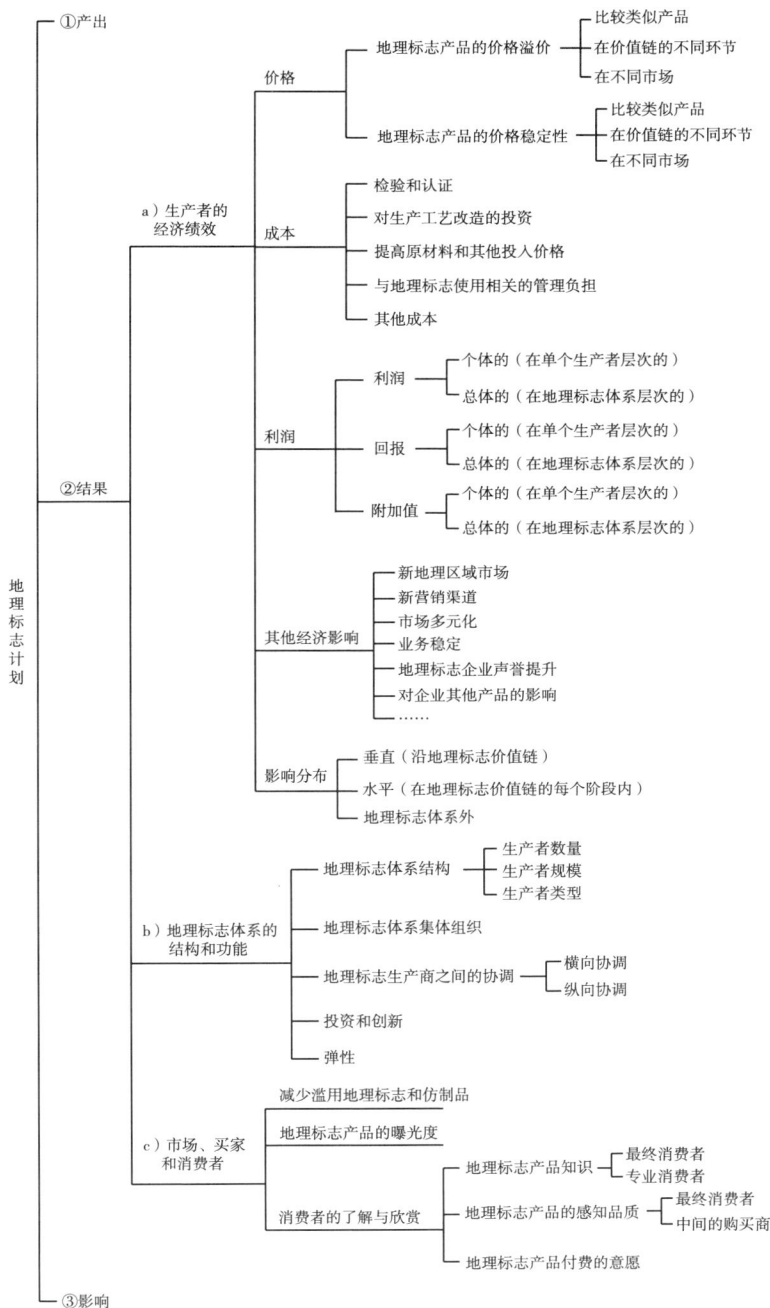

图 3-2　评估地理标志计划时要考虑的主要结果导图

来源：作者自行整理。

价格

地理标志计划通常会导致产品价格上涨，即溢价，这是因为地理标志标签可以扩大市场差异，并清除市场上的假冒地理标志产品。另一个预期效果是可以获得稳定的价格水平，因为地理标志标签的产品可能适合利基市场，能避开同类标准产品的价格竞争和价格波动。然而，这些影响并不是自动产生的，它们需要地理标志生产者组织实施集体营销举措（见插文14）。评估价格溢价和价格稳定并不是一件容易的事。一般而言，评估应：

➜ 插文 14   地理标志计划的实施

地理标志计划对经济状况的影响：哥伦比亚咖啡

哥伦比亚咖啡，2004年在哥伦比亚注册为原产地，2007年在欧盟注册为受保护地理标志，是一种阿拉比卡咖啡，经湿法加工、生豆或烘焙，产于哥伦比亚海拔400～2 500米的高地。哥伦比亚咖啡种植者从20世纪50年代开始根据其

传统的哥伦比亚咖啡景观

地域原产地来区分其产品。对使用地理标志经济影响的计量经济评估表明：

- 地理标志的使用导致支付给农民的价格上涨，受保护地理标志咖啡的价格溢价平均为每磅[①]0.38美元。
- 地理标志的使用使种植者能够获得烘焙商在国际市场上支付价格的85%，而在地理标志注册之前，这一比例为68%。

资料来源：粮农组织和欧洲复兴开发银行，2018。

- 跟踪地理标志产品价格的演变，并将其与同类别的其他产品（如其他地理标志产品或没有地理标志标签的同一产品）的价格、该产品在地理标志计划实施之前的价格，以及与同一地区其他产品的价格进行比较。
- 不仅要评估消费端的溢价，还需评估价值链上游各环节的溢价（如农场出厂价、加工商出厂价等）。事实上，溢价的很大一部分往往被地理标志生产体系之外的中间商和零售商所截留。
- 评估不同市场和营销渠道的价格溢价，因为地理标志标签的使用可能在不同市场和销售渠道（当地、地区或国家市场；短价值链或长价值链；电子

---

① 1磅＝0.454千克。——编者注

商务等）产生不同的影响。

- 评估可能具有不同的技能和价格策略的不同类型的生产者（小型或大型、手工或工业等）的溢价。

有时，已经有了可用的价格数据，但往往还需要专门的调查来获得必要的详细数据。

成本

使用地理标志可能会使生产成本发生变化。事实上，遵守《操作规范》的规则可能会给地理标志使用者带来额外成本。首先，检验和认证会产生财务成本和行政负担（如填写可追溯性文件所需的时间）。此外，生产者可能需要承担成本，用以调整其生产流程，满足《操作规范》的质量要求（如购买新设备、提升能力，掌握新技能、购买更高质量的原材料及其他特殊投入品）、修改行政流程、支付参与地理标志集体组织的费用等。

生产者参与地理标志计划的成本的变化取决于生产者的个人特征，例如他们遵守行为准则规则的起点。生产商的规模及其在价值链中的地位是评估成本变化时需要考虑的两个主要因素。

由于成本常常是相互关联密不可分的，这就使得分析因遵守行为准则而产生的增量成本可能成为一项非常困难的任务。此外，使用地理标志标签而产生的某些类别的成本是固定的（即独立于标签产品的数量），这些成本可能来自物质（如机器）或非物质（如技术、技能的获取）投资。出于这些原因，不仅要将成本作为一个总体来评估，还要对评估单位成本，即根据生产的地理标志产品的单位数量进行细分。

收集成本相关的数据和其他信息需要进行具体调查和深入的个案研究。

利润

利润从总体上反映了地理标志计划在生产者层面的经济影响。可以考虑不同的利润衡量方式，这些方式的相关性取决于生产者的具体情况与其企业规模（如小农户或大公司）：

- 利润是企业家承担风险的报酬。它是以总收入减去总成本来衡量的。
- 回报是指做生意的全部回报。因此，回报既包括利润，也包括给生产者的其他报酬，获得这些报酬是因为他们为企业提供了包括自己或家庭成员在内的劳动力、土地等要素。生产者，特别是小型和手工生产者，对回报比对利润更感兴趣，因为他们往往在企业中扮演多重角色。
- 附加值用于衡量企业所使用的全部资本和劳动力的报酬，包括并非由企业家投入的部分（见插文15）。因此，附加值的范畴比前文定义的收益更广。附加值对于地理标志生产体系及其所在区域而言尤为重要，因为它还能从工资和固定资本资产的角度衡量对区域的影响。例如，地理标志计划可能

31

会促使相关活动迁至地理标志所在区域，从而将更多附加值保留在该区域内。举例来说，《操作规范》可能会要求牲畜需使用地理标志计划所划定区域内生产的饲料喂养，或者产品需在该区域内完成包装。

> **➡ 插文 15　定义**
>
> **附加值**
>
> 　　附加值是利润、土地和其他资本固定投资的折旧成本以及劳动力成本的总和。附加值等于收入减去中间花费。在区域和国民核算中，附加值与资本和劳动力所有者获得的收入相对应。

　　总体而言，利润、回报和附加值关系到整个企业。然而，地理标志产品通常只构成地理标志企业业务的一部分。因此，将地理标志产品的盈利能力与其他业务分开可能很困难，需要仔细分析（误差会很大）。

　　利润的基础是销售产品的价值和生产成本之间的差异。销售产品的价值（营业额）受到地理标志产品价格和销售数量的影响。地理标志产品的价格只是需要监测的变量之一。价格上涨并不一定会导致收入增加，因为价格和销售量之间可能存在反比关系，通常情况下，当价格上涨时，销售量就会减少。此外，利润也是必须评估的：

- 随着时间的推移，抵消价格（在农业市场上非常频繁）、产量和成本的波动。
- 与其他类似情况相比较。

　　获取数据的可行性非常关键，因为可能有些信息很敏感，有些信息难以收集，或既敏感又难收集。通常为了获得定性信息和定量数据，需要进行专门的调查。

其他经济影响

　　地理标志计划可能会对生产者的经济状况产生其他影响。地理标志标签，尤其是在有明确规则和可靠担保体系支持的情况下，可能会开拓新市场，包括出口市场。事实上，如果控制和检查系统能够提供足够的保证，地理标志标签可以为买家和消费者提供产品质量的保证，并突出其原产地和特定特征。进入新市场和营销渠道使生产商能够实现多样化经营并降低风险，对其经济韧性（即从不利的冲击影响中恢复或调整的能力）产生积极影响。

　　声誉稳固且不断增长的地理标志产品的营销，可能会提升企业的整体声誉。事实上，地理标志产品在业务组合中的存在会有助于营销该地理标志产品以外的其他产品（商品，也包括服务，如旅游服务）。因此，利润影响分析不应仅限于地理标志标签产品，也应涵盖运营商的整个商业活动。而且，地理标志计划可以通过促进价值链参与者之间的商业协议谈判来提高生产者的业务稳定性。

　　地理标志计划可能会导致某些经济活动易址，从而产生其他经济影响。如果成功了，地理标志计划可能会促使外部生产商在该地区建立新的企业并加入地理标志计划，从而刺激该地区的经济发展。因此，地理标志计划不仅可以提高利润，还可以增加就业机会，并提高当地利益相关者的自力更生能力和自主权。这些影响往往促使公共当局支持地理标志计划，并鼓励企业使用地理标志标签。

在某些情况下，地理标志计划可能会产生其他特定的经济影响，这取决于当地生产系统及其生产者的特点。因此，需要对地理标志体系进行仔细的初步观察，以确保评估中包括所有相关方面。

对其他经济影响的评估所需要的数据，通常需要通过特定调查或案例研究，或者两者结合来收集。必须从单个企业层面和作为一个整体的地理标志体系的层面评估其影响。

经济影响的分布

地理标志计划的经济影响在价值链的不同环节之间的垂直分布或在价值链同一环节中不同参与者之间的水平分布都不均匀，其分布特征是由参与者的特点决定的。这是一个非常有价值的问题，要仔细评估上述所有类别的影响，无论是价格影响还是其他经济影响。

影响地理标志效应在水平方向和垂直方向分布的因素很多，而且这些因素的作用方向往往截然不同。效应分布由生产系统和行为准则的具体特征决定，也受法律和体制框架制约。垂直方向上的利润分配受地理标志计划的影响很大；价值链的初级生产、加工或更下游的环节等具体环节从新分配方案中所受的益处，取决于行为准则中规定的规则和地理标志计划的集体管理。还应注意的是，价值链的下游环节（批发和零售）通常比上游环节（农民或初加工者）的集中度更高。因此，存在着该计划产生的大部分利益被地理标志体系之外运营的大公司获取的风险。此外，如果遵守行为准则的控制系统缺失，或运行不畅，地理标志的声誉影响可能会被外部甚至内部运营商篡夺。

通常情况下，来自地理标志计划及更普遍的质量标签计划的大多数机会往往都被那些在专业知识、财务资源等方面装备更好的企业所攫取——这些企业通常是地理标志生产系统中的大型企业。因此，行为准则规则的制定是非常重要的，不仅可以确保高度参与，还可以确保利益的公平分配。

3.3.3　影响地理标志体系的结果

地理标志计划影响生产系统的结构和功能。这不仅是由于它对单个企业的影响的聚合，还因为地理标志计划可能会吸引新企业，引发投资和创新，从而导致集体组织模式发生变化，或地理标志体系内外生产者之间的关系改变。

地理标志体系的结构

地理标志计划对生产系统的结构的影响尚不确定：一方面，地理标志计划可能会吸引本区域内外有志于使用地理标志标签的新生产者。当预期会产生积极的经济影响，或行为准则的规则明确要求生产区必须位于行为准则划定的区域内（或重新定位）时才能使用地理标志标签，或者这两种情况兼备的情况下，这一点尤其适用。另一方面，行为准则的规则也可能将某些参与者排除在地理标志计划之外，具体指那些位于界定的地理边界之外的参与者，以及那些在该区域内无法遵守规定的技术或质量要求的参与者。此外，如果地理名称作为地理标志标签被注册，由此保留给参与地理标志体系的运营商使用，那么该系统之外的运营商就失去了使用该地名营销其产品的可能性。

根据企业规模和其他结构特征，吸引和排斥的作用可能有所不同（见插文 16），其影响依行为准则中定义的规则类型而定。一般来说，小型生产者遵守正式规则和控制系统时，面临的困难更大。不过，行为准则也可能禁止使用更适合大型生产商的生产技术，特别是一些自动化生产技术，如挤奶机或收割机，来保持产品质量的稳定。因此，评估地理标志计划对地理标志生产系统结构的影响需要收集各个方面的初始数据：

- 参与地理标志计划、使用地理标志标签，或二者兼有的企业数量。
- 企业的规模分布，包括地理标志标签产品的销售数量和价值，以及企业总营业额、员工人数等整体规模。
- 根据结构或功能特征划分的企业类型，如是否为家族企业，坐落在平原还是山区等。

可以对价值链的不同环节（农民、加工者等）的影响进行评估。

➡ 插文 16 地理标志计划的实施

地理标志计划对原产地产品生产系统结构的影响：苏尔古尼（Sulguni）奶酪[①]（格鲁吉亚）

苏尔古尼是格鲁吉亚最著名的奶酪之一。这是一种柔软、咸度适中的帕斯特干酪（Pasta - filata Cheese）[②]，有弹性和拉伸性，由牛奶和水牛奶制

---

① 苏尔古尼奶酪，是用巴氏杀菌的牛奶、山羊奶和水牛奶制成的，这种咸芝士常切成楔形。它的名字起源于格鲁吉亚语中的"suli"和"guli"，意思是"灵魂"和"心脏"。这种奶酪是格鲁吉亚餐桌上的固定食品。苏尔古尼奶酪的独特之处在于它的制作方式——经过了几个世纪精心调整才得来这一套流程：搅拌、揉捏、拉长凝乳，然后将它制成圆盘状，用盐覆盖。这种技术赋予了奶酪独特的层次感，并且多汁而有韧劲。无论是鲜的、干的、熟制的、熏制的，还是用蜂蜜、葡萄酒、传统香料调味的，苏尔古尼奶酪的招牌口味都不会受到影响，这使它成为格鲁吉亚最著名的奶酪之一。——译者注
② Pasta - filata Cheese：帕斯特干酪。"Pasta - filata"来源于意大利语，意思是"纺成丝状"的或"有弹性和拉伸性的凝乳块"。它是用来描述一大类用牛乳、羊乳或山羊乳以及水牛乳生产的品种。——译者注

成。苏尔古尼可以是新鲜的、干燥的、陈酿的或烟熏的；它可以与其他传统配料，如香料、葡萄、葡萄汁等混合。它在外观和质地上都与马苏里拉奶酪相似。经过搅拌和揉捏，苏尔古尼得到了独特的层状结构。由于其声誉，苏尔古尼这个名字在国内和出口市场上都被滥用。为了保护苏尔古尼及其他奶酪的地理标志，格鲁吉亚知识产权局与农业部合作，为那些希望使用地理标志的生产者制定了一套行为准则。然而，大多数生产者，尤其是使用传统生产技术的小农户，无法遵守该行为准则规定的生产规程。因而，只有少数使用现代生产技术的大型生产商能够参与地理标志体系，来自小农户的可信赖形象也随之消失。这导致地理标志体系无法运行。为了使行为准则更具包容性，更好地适应传统苏尔古尼的生产，并确保其可操作性，粮农组织-欧洲复兴开发银行的一项工程创建了一个参与性程序，来自格鲁吉亚不同地区的小型和大型生产商都可参与其中，以反映苏尔古尼真正的生产状况。这一程序得到了全国乳制品协会 Sakrdze 的支持，该协会后来成了苏尔古尼的地理标志协会。生产者之间的生产技术不同，尤其是小规模生产商和大型生产商之间。如，奶酪在盐水中浸泡的时间就有差异，有的几个小时，有的过夜，有的则浸泡更长时间，真空包装的使用或手动与机械技术的使用也有所差异。

格鲁吉亚萨梅格列罗地区的妇女
在准备苏尔古尼奶酪

为了使地理标志体系更具包容性，并让所有类型的生产商都能从中受益，修订后的行为准则允许两种类型的奶酪，即苏尔古尼和经典苏尔古尼。后者使用奶牛的生奶，每天挤奶两次，用手揉捏，不含乳酸菌发酵剂。这些原则反映了小型生产商通常采用的生产技术。苏尔古尼的独特之处在于它的层次，所有的苏尔古尼干酪都必须符合这一底线产品特征。这一要求迫使工业化程度较高的生产商调整其生产工艺。行为准则修订的结果是地理标志体系的结构发生了变化，把小型和手工生产商也吸纳进来。

资料来源：粮农组织和欧洲复兴开发银行，2017—2019。

地理标志体系的集体组织

地理标志计划需要当地行动者之间的互动和协同。这将刺激创建新的组织网络，建立或巩固正式的集体组织（如地理标志生产者协会、联盟或跨专业机构）（见插文 17）。地理标志生产者协会在地理标志生产系统管理中的许多方面发挥着重要作用，从技术和行政到集体营销和推广。在某些情况下，地理标志计划不仅有助于加强生产系统内的凝聚力，也有助于在更广泛的地方社会中加强社会凝聚力。相反，地理标志计划的制订过程可能会凸显不同地方行为者之间的对比，对社会凝聚力产生负面影响。地理标志计划对集体组织的影响可以通过存在的正式组织的数量、该组织拥有的生产者数量及其种类数进行评估。然而，通过定性技术监测和分析区域层次上正在进行的社会互动过程也是非常重要的。

> ### ➔ 插文 17   定义
>
> **地理标志生产者协会**
>
> 在一些国家，法律规定地理标志标签的注册申请须由代表行为准则划定区域内生产者组织来提交。
>
> **地理标志生产者之间的协作**
>
> 另一类影响涉及价值链上各主体之间的横向与纵向协作程度。《操作规范》对产品的质量特征及其生产流程的主要环节制定了共同标准，这往往会加强企业间的协作（形式多样，如合同、合资企业或行业间协议等）。因此，矛盾得以减少，各主体能够制定横向（同一价值链环节主体之间）或纵向（不同价值链环节主体之间）的协作策略：
>
> - 纵向协作可降低价值链上的相关交易成本，尤其包括议价成本和纠纷解决成本。联合体或行业间组织可促进纵向协作。
> - 横向协作能减少同一价值链环节主体之间的竞争，例如，他们可开展生产或营销方面的联合举措，或协调各自的生产计划。合作社、农民协会等组织可推动横向协作。
>
> 地理标志计划对协作的影响并不容易评估，因为这需要获取生产者行为的数据。通常需要通过定性方法（如案例研究或对生产者的深度访谈）直接观察实际做法。

投资和创新

地理标志计划可能会增进投资，促进技术和组织创新。比如，行为准则可能需要对生产流程和产品质量要求进行某些调整。经营者在价值链上的投资，以及在地方一级对基础设施和结构设施的投资，决定了地理标志计划在市场上的成功。

共同规则的定义和控制系统的建立减少了机会主义和不公平行为。这可能会激励个体运营商和集体生产系统投资于传播和推广，以提高地理标志标签在市场上的声誉，除此之外，也会投资于生产相关的设备和技术。

对地理标志企业投资和创新的监测，需要对资金平衡表进行详细分析，并开展定性问卷调研，仔细评估地理标志计划与投资和创新之间的因果关系。

3.3.4 影响市场上购买者与消费者的结果

地理标志计划不仅能通过减少对地理标志的滥用与仿冒行为，还能通过提升地理标志产品的知名度及其在中间商与终端消费者中的声誉，助力地理标志产品在市场中定位的提升。

减少滥用与仿冒行为

许多地理标志计划的主要目标之一是将地理名称的使用权限定在遵守操作规范的生产者范围内——即那些生产和销售"真正"地理标志产品的生产者。市场上地理标志的使用仅限于符合操作规范的产品，且需通过法律注册获得认证体系的保障。这种保护意味着市场上的假冒伪劣及误导性产品被清除，这可能对正宗产品产生积极影响。这种清除效果可通过专项调查检测市场上假冒产品的存在情况来衡量。地理标志计划在（中间及终端）市场的表现，很大程度上取决于对滥用与仿冒行为的管控效率，尤其是当地理标志产品声誉较高、因而吸引仿冒者时。

地理标志产品的市场知名度

地理标志的注册（尤其是依据官方质量体系进行的注册）可能提高产品在媒体中的曝光度（如报纸、美食杂志或有关食品、农业、烹饪的电视节目）。考虑到媒体在消费者食品选择中扮演着日益重要的角色，曝光度的提升是一项重要影响。生产者的集体行动（如宣传活动、营销举措等）可提高产品知名度。在某些情况下，这些活动可能由地方公共行政部门支持或直接管理，这些部门希望助力地理标志计划，以增强其对当地生产体系的经济及其他方面的效益。产品知名度可通过监测地理标志产品在国内外市场特定媒体中的出现次数来评估。还需通过专项调查来评估实际看到这些曝光内容的人数（即接触量）。

地理标志的声誉：买家与消费者的认知与认可

另一类主要影响涉及买家与终端消费者对地理标志产品的态度（见插文18）。地理标志计划的效果在很大程度上取决于消费者与中间商对地理标志产品的了解程度、质量认知及其支付意愿。超市采购商、国际贸易商等中间商对产品的市场成功影响日益显著。食品领域的不确定性较高，因为食品通常无法在购买前试用。标识产品地域来源的标签在引导消费者选择方面可发挥关键作用。事实上，得益于操作规范中关于产品及其生产过程的规定，地理标志标签能提供安心保障和质量承诺——尤其是当产品的可追溯性及合规性具备官方管控体系时。地理标志计划通常辅以信息宣传与营销活动，以提升中间商和消费者对地理标志产品及其品质特性的认知。

通过各种定性和定量技术，可以评估中间买家和终端消费者的产品知识

（对产品存在及其特征的认识）、产品感知质量以及地理标志倡议和标签使用导致的买家支付意愿的变化。

> **→ 插文 18　地理标志计划的实施**
>
> **对消费者声誉的影响：布尔萨黑无花果（土耳其）**
>
> 　　2018 年 11 月，土耳其布尔萨地区的无花果生产商及其合作社在粮农组织-欧洲复兴开发银行技术援助项目的支持下注册了受保护地理标志布尔萨黑无花果。该项目的目标之一是开发营销渠道，直接向当地和全国超市销售地理标志标签的布尔萨黑无花果。为此，地理标志协会及其合作社组织了一次营销模拟演习；大约 40 家无花果生产商，即合作社成员（总共 3 644 家生产商）参与了模拟。模拟显示，消费者愿意为地理标志标记的无花果支付更高的价格，生产商收到的价格从每千克 1 土耳其里拉①增加到 3 土耳其里拉。消费者感知是测试中的一个重要因素；测试发现，消费者赞同并理解地理标志的概念（传达的信息）：无花果是天然水果，有多种口味，来源于特定生产商。有趣的是，这次演习深刻地改变了利益相关者的态度：最初强烈不信任这一计划的当地零售商开始相信并迸发出巨大的热情。
>
>
>
> 布尔萨黑无花果
>
> 资料来源：粮农组织和欧洲复兴开发银行，2018。

3.4　影响（三阶效果）

3.4.1　影响导图

　　影响（三阶效果）是生产者参与地理标志计划的间接后果。三阶效果源于带有当地物质和非物质资源的原产地产品、当地系统和社会内的其他经济活动，以及环境的密切联系（见第 2.2 节）。

　　影响的评价是具有挑战性的，因为与一阶效果和二阶效果相比，评估三阶效果的花费往往更多，而且也更容易出错。事实上，影响通常涉及长期变化，这种变化可能需要数月或数年才能变得明显和可测量。此外，由于因果链的长

---

　　①　土耳其里拉为非法定计量单位，1 土耳其里拉＝0.21 元人民币。

度和复杂性，很难将观察到的变化归因于地理标志计划，而不是其他因素。举例来说，在建立地理标志计划和生产地理标志产品后，水质的变化是地理标志计划的结果，还是该地区的其他因素或趋势的结果？这个问题很难评估。因此，对影响的测量和解释应仔细考虑，应慎重确定适当的时间表，并提供稳定的资源和专业技能。

三阶效果主要有 4 类（图 3-3）：

a）对地理标志生产过程投入市场的影响：地理标志计划可能会导致地理标志生产过程投入（土地、劳动力、原材料等）市场条件的变化。

b）对非地理标志本地生产商（即未加入地理标志计划的原产地产品体系生产商）的影响。

c）对与地理标志产品相关但在原产地产品体系之外的其他经济活动的影响。

d）对区域内社会、文化和环境资本其他要素的影响。这一类别包括对更广泛社会的影响，以及向消费者提供优质产品和推广多样化、健康的饮食。

3.4.2 地理标志产品对投入市场的影响

一个成功的地理标志计划可能会导致地理标志产品产量的增加，从而导致生产者对土地（见插文 19）、劳动力（见插文 20）和其他生产要素投入的需求增加。这种需求的增加可能会刺激地方一级的经济活动，特别是当行为准则确定投入必须来自划定的地区时。这可以对农村地区的收入和就业机会产生积极影响，特别是在几乎没有其他选择的地区，并刺激农村发展的更大动力。值得注意的是，在当地投入供应稀缺的情况下，所有地理标志用户的生产成本可能会增加。这可能会阻碍地理标志生产的增长，并改变地方一级生产者和其他利益相关者之间的附加值分配。

> **⟹ 插文 19 范例**
>
> **土地价格在地理标志举措实施后上涨**
>
> 对知名地理标志产品（如葡萄酒或水果）的需求增加可能会导致对土地的需求增加。如果地理标志地区的土地资源有限，这种需求的增加可能会导致土地价格上涨。随着资产价值的增加，这种影响对拥有土地的生产者来说是积极的；然而，租用土地的生产者受土地租赁费上涨的影响。因此，地理标志计划的部分积极影响从土地租户转移到了土地所有者。

许多其他因素可能会影响对投入的需求。因此，数据收集和分析应确定地理标志计划与预料或要评估的影响之间是否存在联系。

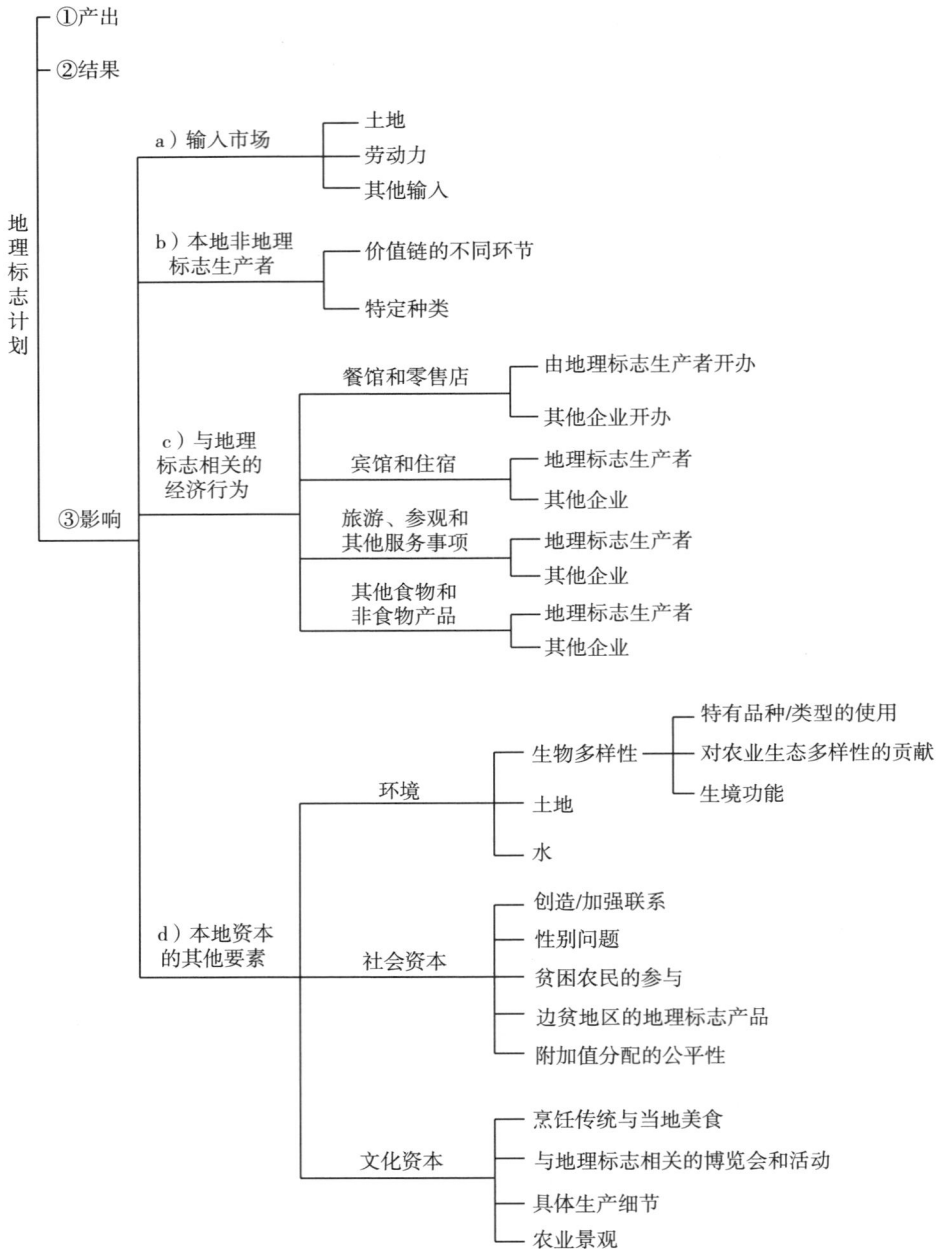

图 3-3 评估地理标志计划时要考虑的主要影响
资料来源：作者制作。

➔ 插文 20 地理标志计划的实施

在农村地区创造就业机会：阿甘油/坚果油①（Argan oil，摩洛哥）和番石榴糖果②（Bocadillo Veleño，哥伦比亚）

地理标志举措在创造持久就业机会方面的影响可能至关重要。然而，这种影响在很大程度上取决于行为准则规定的规则。在农业生产和食品加工中使用新技术通常会减少劳动力需求。同时，许多地理标志产品的独特性是基于传统的劳动密集型生产流程，这反映在其行为准则的规则中。阿甘油是一种从摩洛哥西南部干旱和半干旱地区特有的坚果树内核中提取的油。几个世纪以来，当地妇女一直手工裂解开果核，提取出金色的油，用于烹饪和传统医学。这是一项重要的收入来源，因此也是自力更生的基础。如今，裂解和提取也可以通过机械方式进行。然而，2010 年注册的摩洛哥阿甘油受保护地理标志行为准则规定，坚果仁只能手工裂解，从而保证了贫困地区农村数百名妇女的工作。

番石榴点心是一种传统的哥伦比亚糖果，由番石榴果肉和全甘蔗糖或镶板制成。Vélez 镇是主要的生产中心，该产品被命名为"Veleño"。Bocadillo Veleño 于 2017 年注册为 PDO。包装是该产品的许多特性中的一个，它是由当地植物芭蕉的叶子经过烹煮后在阳光下干燥而制成。尽管一些生产商要求使用塑料包装来降低成本，但行为准则规定，使用芭蕉叶子是强制性的。番石榴糖果生产者协会决定保留使用芭蕉叶子，不仅因为这是传统，还因为叶子决定了番石榴糖果的味道、质地和香气。这一要求有利于种植和加工树叶的贫困小农户。有关番石榴糖果的更多信息，请访问 www.bocadillovelenodo.com。

3.4.3 对非地理标志当地生产者的影响

地理标志计划可能会对未加入该计划的原产地产品体系生产者产生影响，例如，部分生产者因预期成本收益失衡而选择不加入。另有一些原产地产品生

---

① 摩洛哥坚果油，在中国音译为阿甘油。由刺阿甘树果核萃取，富含维生素 E、omega3 脂肪酸和 omega6 脂肪酸，用于烹饪食用，化妆品添加。长久以来，摩洛哥坚果油在非洲被誉为自然的奇迹，而今天，它在西方也风光无限，被称为绿色金液体。

② 哥伦比亚是世界主要的番石榴出产国之一，在境内广泛种植。该国著名的甜食 Bocadillo，其原料即为质地较硬的番石榴果肉和蔗糖，santander 省有一个叫 velez 的地方制作的 Bocadillo Veleño 非常有名，在小商店里一般用芭蕉叶包裹出售，配一块相同厚度的奶酪吃，看起来跟山楂糕很像，在哥伦比亚人生活中占有无比重要的地位。一位美食家曾经说过：番石榴是存在于哥伦比亚文化中的一个符号，离家在外的时候，会引起人的乡愁。哥伦比亚文学巨擘马尔克斯最有名、流传最广的一部谈话录的书名叫《番石榴飘香》，根据他的观点，精选食材加工提炼而成的味道就是番石榴的香气。

产者可能因要负担繁文缛节的流程、遵守更严格卫生规则的义务，或难以满足《操作规范》中规定的某些生产或质量标准，而无法加入该计划。还有些生产者可能位于《操作规范》划定的地理边界之外。在所有这些情况下，那些在地理标志注册前可能一直在使用该名称的生产者，将不再被允许使用。他们的产品可能面临降价，并且更难在市场上销售（见插文 21）。相反，地理标志计划若在营销上取得成功，可能会使得使用该地理标志的生产者面临产品涨价和更好的市场环境，进而对原产地产品体系内未使用地理标志的生产者产生积极的溢出效应。地理标志计划引发的土地、劳动力及其他投入品市场的变化，也可能影响该地区未使用地理标志的生产者。在某些情况下，这些未使用地理标志的生产者不仅无法从地理标志产品的预期涨价中获益，还需要承受负面影响（如土地租金上涨）。

总之，对地理标志计划经济影响分布的分析，必须仔细考虑潜在的地理标志生产商（即属于原产地产品体系且位于地理标志地区但未加入地理标志计划的企业）。这需要在非地理标志生产者中选择样本对其进行特定调查或预测，或进行代表性个案研究。对潜在地理标志生产商影响的评估，应考虑：

• 价值链的不同环节（种植、加工等）。
• 特定类别的生产者（如小生产者、贫穷生产者、位于边缘地区的生产者等）。

分析地理标志计划对非地理标志生产者的影响，可能具有政策方面的意义。事实上，了解地理标志计划的作用可能有助于确定适当的干预措施，引导那些排除在外的生产商加入该计划。

➡ 插文 21 地理标志计划的实施

地理标志计划对非地理标志当地生产商的影响：特级初榨托斯卡诺橄榄油（意大利）

当受保护地理标志托斯卡诺特级初榨橄榄油于 1998 年注册时，某些小生产商无法使用地理标志，因为其有限的生产量不足以保证应用可追溯性（行政负担）和认证系统（向认证机构支付费用）的成本。因此，他们不能再在橄榄油的标签上使用托斯卡诺一词，而且由于消费者对这个词非常敏感，2000 年，他们的非地理标志标签油的价格下降了 40％ 以上。在接下来的几年里，托斯卡诺橄榄油生产商修改了行为准则规则，允许较小的生产商也加入地理标志体系。与此同时，碾磨合作社允许生产商集体出售其产品。2020 年，超过 11 000 名农民（其中大多数是小农户或特小农户）和 300 家橄榄油加工厂使用受保护地理标志托斯卡诺特级初榨橄榄油，保证了价格溢价。有关更多信息请访问 www.oliotoscanoigp.it。

3.4.4 对与地理标志产品相关的经济活动的影响

地理标志计划可能会对地理标志价值链之外的经济活动产生三阶效应。事实上，地理标志产品的声誉收益可能会增强与地理标志相关的整个地区的形象和吸引力。与地理标志生产过程相关或由其产生的当地资源（如传统景观、当地品种、美食、传统等）可能会在当地引发或加强一些经济活动，例如：

• 餐馆、地理标志产品品尝活动、美食活动、博览会。
• 酒店和其他形式的乡村招待服务。
• 区域导游，参观地理标志企业和当地博物馆。
• 地理标志产品的食品加工业。
• 该地区其他食品和非食品的生产。

这些活动可以由地理标志生产者自己管理，也可以由其他当地企业和利益相关者（如文化协会、当地公共机构等）管理。对于地理标志生产商来说，这些活动提供了一个使其产出多样化并补充其地理标志生产的机会。

根据"一揽子商品和服务"逻辑，地理标志产品的开发和推广可以作为开发和推广整个区域遗产及其相关产品的起点，这其中有一组产品与作为支点的地理标志产品密切相关。基于一个通常也涉及当地市政当局和其他利益相关者的或多或少有点正式的组织，有时会开发一条旅游"路线"——一条连接不同地理标志生产商和区域内其他企业的行程线路（见插文 22）。

> **⊙ 插文 22　地理标志计划的实施**
>
> **地理标志计划对区域内其他经济活动的影响：托斯卡纳（意大利）的地理标志产品路线**
>
> 托斯卡纳大区亚平宁山脉的穆杰罗栗子路线（Strada del Marrone del Mugello）是围绕当地一种独特的栗树而建造的，是受保护地理标志。穆杰罗栗子与当地景观和美食文化紧密相连，在一个农民几乎没有其他选择的地区，它是一个里程碑。穆杰罗栗子协会涉及该地区的各种企业，不仅包括栗子生产商和加工商，还包括餐馆、酒店、住宿加早餐和农场住宿。地方市政当局支持该协会的活动。这条路线吸引了游客来到该地区，尤其是在栗子收割期间。更多信息请访问 www.stradadelmarrone.it。
>
>
>
> 穆杰罗栗子线路标识

托斯卡纳的瓦尔蒂贝琳娜的风味路线也采用了类似的方法。在这里，当地的行动者利用该地区最著名的食品契安尼娜①（Chianina）牛肉（当地契安尼娜牛品种肉类的受保护地理标志）作为支点，提升该地区的其他产品和活动定价，在单一标志下创建一揽子商品和服务，并通过行程连接起来。有关更多信息请访问 www.stradasaporivaltiberina.it。

在这两个案例中，地理标志计划都加强了当地产品的知名度和声誉，作为区域发展战略的支点。

"一揽子商品和服务"计划可以通过加强包括旅游业在内的其他经济活动来提高整个地方社会经济体系的竞争力。后者可以促进地理标志产品的集体推广，并使生产商能够探索新的营销渠道。

评估与地理标志产品相关的其他经济活动的影响，可以通过不同的方式，包括：

• 分析提供与地理标志产品相关的商品和服务的当地企业数量及其演变。
• 监测该地区的游客流量，并分析其与地理标志产品的联系。
• 分析其他经济活动产生的就业和收入及其演变。

如前所述（见第3.1节），必须仔细分析地理标志计划与这些影响之间的因果关系链。

3.4.5 对本地区环境、社会和文化资本的影响

原产地产品体系通常与当地环境资源（如生物多样性、土壤和水）以及区域的文化和社会资本密切相关。由于行为准则规则的实施和利益相关者意识的提高，地理标志计划可能会影响这些资源。在某些情况下，地理标志计划对社会和环境的预期影响是发起该计划的主要动机。因此，必须将这些影响视为评估的组成部分。

环境资本

地理标志计划有助于保护农业生物多样性，更好地经营栖息地、土壤和水，从而有助于为子孙后代保护环境。如果地理标志产品的生产受行为准则约束在某个特定区域，当地生产系统内的所有参与者都应努力以可持续的方式使用该特定区域的资源。这将确保他们能够持续开展活动，并在中长期内享受更

---

① 契安尼娜牛是意大利古牛品种，契安尼娜牛产于意大利中西部地区契安尼娜山谷，为意大利古老的役用品种，1932年开始良种登记，后育成了世界上体型最大的肉牛品种。成熟的公牛站高达1.8米，被去势的公牛可能达到2米。母牛平均体重为600～900千克，公牛的体重超过1 600千克。公牛主要用于配种繁殖，母牛多用来食用。契安尼娜牛肉被誉为牛肉中的天花板。

优质的生活环境。

许多地理标志产品的质量基于受遗传侵蚀威胁的传统的地方动植物品种（见插文 23）。与现代品种或种类相比，失去它们的风险往往与它们的生产力较低有关。地理标志计划使产品的质量特征保持稳定，可能会鼓励生产者保存和改良这些动植物品种和种类。

某些地理标志产品生产于山区或其他偏远地区等贫瘠之地。这种隔绝有助于保护产品的特性，以及传统的农业系统。在这些情况下，地理标志计划对栖息地和其他生态功能的影响可能是非常积极的，可能有助于维持这些系统及其对整体环境的积极影响。

> **→ 插文 23 地理标志计划的实施**
>
> **地理标志计划的环境效应**
>
> **图舒里-古达奶酪**（格鲁吉亚）
>
> 2017 年，粮农组织和欧洲复兴开发银行启动了一个项目，在格鲁吉亚推广地理标志标签的使用，特别是在乳制品行业。该项目的关键成果之一是赋予图舍蒂山区（Tusheti mountains）年轻乳制品生产者参与地理标志活动的权利，从而保护该地区的生物多样性。
>
> 图舒里-古达奶酪是由格鲁吉亚高加索山脉的一部分图舒里山脉的高牧场上的地方绵羊和奶牛品种的牛奶制成的。图舍蒂（Tushetian）牛是格鲁吉亚山地牛的一个亚种。同时，图舍蒂绵羊品种在 13 或 14 世纪被选为可全年放牧的动物，游牧民族促成了这一品种的形成。夏季牧场以拥有羊茅、高山羊茅、泽尔纳杂色羊茅、鸭舌兰、莲花、苔草和三齿风铃等高山草本植物为特色，这些草本植物赋予了奶酪独特的风味。这种风味取决于把生牛奶转化为奶酪的微生物群，也取决于兽皮袋中奶酪的成熟度。传统奶酪生产方法的逐渐消失对该地区的文化遗产和生物多样性构成了紧迫威胁。为了应对这一趋势，生产者在
>
>
>
> 在乔治亚州图舍蒂山脉的
> 高牧场生产图舒里古达奶酪
>
> 地理标志计划框架内制定了图舒里-古达奶酪行为准则，规定了使用地方品种、放牧、使用兽皮袋等的具体规则。因此，地理标志计划有助于保护动物

品种和牧场栖息地的生物多样性。重要的是，地理标志是当地生产者手中的一个工具，能够管理当地动物遗传资源，帮助恢复和维护生产这些遗传资源的传统农业系统。

资料来源：粮农组织和欧洲复兴开发银行，2017—2019。

山内卡布拉（Yamauchi kabura，日本）

山内卡布拉是一种种植在日本福井县若狭山内区的萝卜。普通的萝卜是圆形的，表皮光滑，但山内卡布拉是圆锥形的，表皮上有许多凹陷和须根。它只在一个有170名居民的小地区生产。20世纪80年代，由于农民的老龄化，山内卡布拉被迫停止生产。然而，该县把种子放在实验室里保存了20年，直到1996年，随着传统蔬菜市场化的趋势，山内卡布拉重新开始生产。山内卡布拉于2016年注册为地理标志。其行为准则规定必须使用当地品种。种子生产受到严格控制，种子由本地区的生产者联合采集。地理标志计划是在当地市政当局和县政府的大力支持下发起的，地理标志计划使生产者能够获得

带有日本官方地理标志印章的山内卡布拉萝卜

竞争优势，被当地县政府视为一种保护独特品种的方式。地理标志注册后，当地农民获得了信心。他们加紧生产，发起了许多宣传活动，甚至创作了一首歌曲。如今，有12名农民生产山内卡布拉萝卜。地理标志注册提高了山内卡布拉萝卜在市场上的声誉，尤其是在京都知名餐厅中。

资料来源：Defranesco E、Kimura J，2018。

地理标志计划的成功可能会促使生产商提高产量。这可能进一步导致过度开发当地资源（见插文24），或用现代品种或种类取代传统的品种或种类。在这种情况下，区域与地理标志产品本来身份之间的原始联系就会被削弱。

总之，当地自然资源和人力资源在确保地理标志计划和整个原产地产品体系的可持续性和持久性方面发挥着关键作用。因此，评估地理标志计划的环境影响至关重要，在出现负面或相反影响的情况下也是如此。完全客观地了解地理标志计划的环境效应，将会提高当地行动者的意识，并有助于通过适当的补救行动解决该领域的不足。

> **插文 24 地理标志的实施**

经济和环境可持续性之间的权衡：普罗塞克葡萄酒（意大利）

意大利地理标志普罗塞克葡萄酒在市场上取得了巨大成功。然而，由于生产的集约化和化学品的使用，行为准则划定的相对较小区域内的葡萄园急剧扩张对环境产生了负面影响。为了提高环境的可持续性，普罗塞克受控原产地保护联盟出版了一本年度酿酒师手册，阐述了葡萄园持续发展的做法。此外，2017 年，该联盟提议修改行为准则，禁止使用代森锰锌、灭菌丹和草甘膦 3 种活性物质。这一决定被生产者广泛接受，并在贸易商和消费者中达成了一致共识。更多信息请访问：www. prosecco. wine/en/stustainable。

文化资本

地理标志计划有助于保护、强化和推广当地传统与习俗。这可能会增强生产者及更广泛当地民众的自豪感与自尊，进而巩固地方认同及当地社会文化生活的其他要素（见插文 25）。地理标志产品的独特性与当地人文因素，以及当地民众的物质与非物质文化（即文化资本）息息相关。因此，地理标志产品的价值提升可能会对文化资本的多个方面产生影响。原产地产品往往是当地饮食传统的基础，在乡村节庆、集市和各类活动中发挥着关键作用。地理标志计划的开展常常与这些活动紧密相连，且可能会进一步强化这些活动。与地理标志产品生产过程相关的农业景观、历史建筑和手工艺品，都是文化资本的重要组成部分。农业景观通常是传统耕作制度的产物，而在许多情况下，这些耕作制度又与原产地产品的生产密不可分。通过地理标志计划对原产地产品进行价值提升，或许能让生产者留在本土，并延续传统生产方式。

文化资本的强化本身具有重要意义，尤其是在与旅游业和休闲产业相结合时，也能同时对该地区的经济活动产生积极影响（见第 3.4.4 节）。

不过，地理标志计划也可能对文化资本产生负面影响。例如，当某一原产地产品被用于促进旅游业发展时，地理标志计划可能会造成地方文化的失真——特别是若当地社区将自身文化商业化，或是为了迎合市场需求而对传统进行改造，那么当地的传统生活方式便可能因此逐渐消逝。

> **插文 25 地理标志计划的实施**

地理标志计划对文化资本的影响：玉巴里（Yubari）王甜瓜地理标志（日本）

在 2019 年札幌中央批发市场的第一次甜瓜拍卖会上，两个玉巴里（Yubari）

王甜瓜创下了以 500 万日元（超过 4.5 万美元）的价格成交的纪录。这种地理标志甜瓜是如何提高其声誉的？与北海道其他大片土地不同，玉巴里山区不适合大规模农业。因此，该地区的生产商不得不集中精力生产高价值产品。1960 年，在日本农业株式会社玉巴里内部成立了玉巴里甜瓜集团；其成员开发了新品种——玉巴里王。在接下来的 60 年里，由于与玉巴里地区的关系，玉巴里王甜瓜的声誉不断提高，市场上的价格也越来越高。这一优势归功于日本农业的战略决策，它负责生产质量、分销、定价和信息交流。2015 年，根据日本地理标志法，玉巴里王甜瓜被注册为地理标志。每年都会举办玉巴里王甜瓜节，当地人和游客都会来品尝和购买甜瓜。失去了煤矿小镇身份的玉巴里居民，现在为玉巴里王甜瓜感到骄傲，玉巴里王甜瓜以其高品质而闻名。因此，地理标志计划有助于塑造当地人的身份。玉巴里青年俱乐部为小学三年级的学生组织为期一年的玉巴里王甜瓜课程。当地的孩子们因此学习了解玉巴里王甜瓜的特性，感觉与之紧密相连。有关地理标志玉巴里王甜瓜的更多信息请访问 https：//gi-act.maff.go.jp/en/register/entry/4.html。

资料来源：Defranesco E、Kimura J，2018。

社会资本

对地理标志计划的评估必须考虑这些计划对社会资本的影响。这些影响表现在两个方面：一是参与计划的人们之间的互动，二是与粮食生产和消费相关的传统文化资本。由于其共有性维度，通过地理标志计划对原产地产品的定价影响了当地行为者之间的社会联系，特别是在原产地产品是当地经济和文化体系的重要组成部分的地区（偏远地区通常如此）。

地理标志计划的创立本身可以加强生产者和其他地方利益相关者之间的对话，并促进建立协会进行知识和信息交流。地理标志计划可能包括通常不积极参与此类过程的社会群体，如小农户、少数群体成员、妇女（见插文 26）、青年或老年人。原产地产品往往是由这些"边缘"人群生产和保存的，他们因而成为文化遗产的一部分。

➡ 插文 26　地理标志计划的实施

地理标志举措对社会资本的影响（性别）：**黑山科拉欣奶酪**（Kolašin cheese）

叶状科拉欣奶酪产于黑山科拉欣（Kolašin）和莫伊科瓦茨（Mojkovac）两个市镇的部分地区。这种奶酪的独特味道来自卡顿斯出产的优质牛奶，卡顿斯是位于高山上的避暑小屋。它有一种温和的乳酸味，特殊的层压外观，层次丰富，薄如叶片，有光泽且顺滑。科拉欣奶酪地理标志于2019年5月在黑山注册，是地理标志计划支持女企业家的一个很好的例子。传统上，奶酪的生产，从挤奶到熟制，都是由女性完成的。女性在研制科拉欣奶酪这一领域通过研制增长了经验，形成了特定的知识，这增加了奶酪的声誉。为保护和促进地理标志，动员妇女成立了一个由35名生产者

一位科拉欣奶酪的女生产者和她刚挤过奶的奶牛

组成的地理标志协会，其中大多数是女性，他们每年生产的奶酪加起来有400吨左右。妇女在行为准则中发挥的重要作用得到承认，这有助于增强女性的创业精神：科拉欣奶酪是由家庭主妇生产的，她们制作奶酪的技艺大多是从母亲和祖母那里继承而来的，奶酪制作艺术代代相传。这些知识和技能对成功制作层叠式奶酪和保证奶酪质量至关重要。

资料来源：粮农组织和欧洲复兴开发银行，2018。

相反，如果不同类别的利益相关者对原产地产品有不同愿景或经济利益，地理标志计划可能会在当地行为者之间造成冲突。因此，重要的是支持和促进增值过程，并适当注意增强对社会资本的积极影响，同时防止负面影响。

人们消费的食物和消费食物的方式是宝贵的传统财富，体现了其文化价值观。在原产地相关粮食体系中，这种方式有着极强的文化意义。因为粮食体系是当地人集体身份和福祉的核心。

地理标志计划对社会资本的影响包括对文化和健康的影响。近几十年来，由于全球化、城市化和收入增长，饮食和饮食模式发生了巨大变化。与此同时，在世界大部分地区，能够获得健康饮食仍然是一个巨大的挑战。在从农业生产到加工和零售的大多数现代食品系统中，当地生产的加工程度较低的食品和基于当地生物多样性系统的产品几乎没有发展空间。地理标志食品是未经加工或加工程度较低的食品，源于当地资源发挥重要作用的传统生产方法（牧场及包括植物品种或动物品种在内的遗传资本等）。因此，与同一类别的非地理标志产品相比，地理标志产品可以提供更好的营养品质。在这种情况下，地理标志产品的推广可能有助于饮食多样化。

然而，这些影响可能难以评估，因为消费者不一定在地理标志地区；事实上，它们可能在其他国家。尽管如此，地理标志计划通过其对健康饮食的贡

献，在构建可持续粮食体系方面发挥着重要作用；通过强调当地生物多样性系统和传统方法在制订地理标志计划中的重要性，可以提高人们对这一贡献的认识。同样，强调地理标志产品在保存营养食品和促进健康、多样化饮食方面的作用可能是更好地在市场上定位该产品的有效方法。

　　总之，地理标志计划可以是促进地区一级的农村发展的动力，并有助于建立可持续的粮食体系。评估地理标志计划所有类别的影响都需要适当的指标，并且可能非常复杂。事实上，必须通过隔离其他因素来仔细评估地理标志生产与指标变化之间的因果关系。此外，影响往往是在很长一段时间后才会出现，因而评估成本可能会很高。

4 规划评估过程

本章介绍如何规划评估过程并确定目标、参与者、责任和资源，编制评估计划的关键步骤以及评估的职权范围。这两份文件是整个评价过程中的主要参考文件。

4.1 评估流程的目标和组织

规划阶段的目的是做出战略和运营选择，以指导整个评估过程。由于其复杂性以及与地理标志计划的相关性，评估过程从一开始就应基于第 2 章中列出的基本原则（包容性、公平性和可持续性）进行组织和规划。评估地理标志计划规划阶段的活动流程见图 4－1。

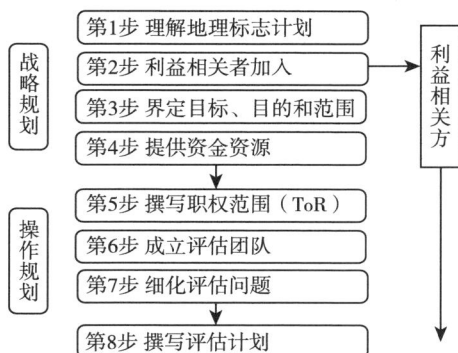

图 4－1　评估地理标志计划规划阶段的活动流程
资料来源：作者自行整理。

启动评估过程的方式至关重要，原因有二：其一，启动过程界定了分析的范围、目的和最终目标，从而界定了整个评估过程。其二，启动过程确定了计划的各个利益相关者，并确定了他们将如何参与评估过程。在规划阶段，应回答以下关键问题：
• 需要对谁进行评估？

- 评估的最终目标和目的是什么？
- 由谁来执行评估？
- 哪些利益相关者将参与评估过程，他们分别在何时参与，以及如何参与？
- 可用的财力和人力资本有哪些？
- 评估哪些具体方面？

4.2 战略规划

4.2.1 战略规划的目标和驱动因素

战略规划阶段的目标是做出一些战略选择，以指导整个评估过程。规划阶段最终要编写一份用以指导运营阶段的职权范围（terms of reference，ToR）报告。

战略规则阶段由发起人驱动，发起人是指希望进行评估、激活评估过程、定义其范围和总体目标、提供资源并决定谁将执行评估过程的运营阶段的个人或组织（即经理）。战略规则阶段做出的决定体现在职权范围报告中，职权范围是实施业务阶段的参考文件。通常，评估的发起人也是地理标志计划的发起人或其财政支持者（如当地发展机构、非政府组织或国际组织）（见插文27）。明确确定发起人对于保证所有活动的透明度非常重要。评估的必要性和目标的确在很大程度上取决于发起评估的利益相关方的要求和目的。评估很少能做到完全中立，因为主要参与者会试图将分析引向他们最感兴趣的问题。

> ➜ **插文 27　范例**
>
> **地理标志计划评估的潜在发起人类别**
>
> 生产者的行动通常由其代表组织执行。发起人可以是代表在价值链所有阶段运营的生产商的跨专业机构，也可以是代表单一类别生产商的专业机构，如农民或加工商。由生产者或其代表机构发起的评估往往侧重于计划的经济影响，而社会和环境影响则是次要的，甚至是完全缺失的。
>
> 公共机构包括地区管理机构、国家农业和工业等部委，或国家财产机构。公共机构评估的目的通常与通过地理标志计划实现的特定公共政策目标有关。例如，地理标志计划旨在帮助农民更好地在市场上定位其产品，或开辟新的营销渠道（如进入外国市场的出口渠道）。公共机构通常比私人行为者的视角更开阔，即他们关心的是整个原产地产品生产领域的总体福祉，因而会综合考虑就业、社会问题、环境压力等方面的影响。
>
> 地方非政府组织也可以作为评估的发起人。他们可能对地理标志产品表

现出各种兴趣，在评估中通常对社会、文化和环境影响更敏感。

资助地理标志计划的外部捐助者既可能是公共的（如涉外部门），也可能是私人的（如非政府组织）。他们往往对评估有着浓厚的兴趣，将评估作为一种手段，事前评估证明他们支持某项计划的正确性，事后评估证实其合作效果。

4.2.2 第1步：理解地理标志计划

明确理解地理标志计划的主要特征（见插文 28）对于评估其影响至关重要。因此，发起人应该对地理标志计划进行一个简明扼要的说明。这个说明的目的不是对地理标志计划做全面深入的分析，而是强调作为规划评估过程的基础的一些基本要素。这些基本要素如下：

- 用于前瞻性评估的地理标志计划的目标和预期效果，或用于回顾性评估的地理标志计划已实现的效果。
- 参与地理标志计划制订和管理的利益相关者。
- 地理标志计划的目标受益者。
- 可能受到地理标志计划影响的其他类型的行动者。
- 在地理标志计划框架内打算进行的或者已经实施的主要活动。在这里，前瞻性评估是将要进行的，回顾性评估是已经实施的。

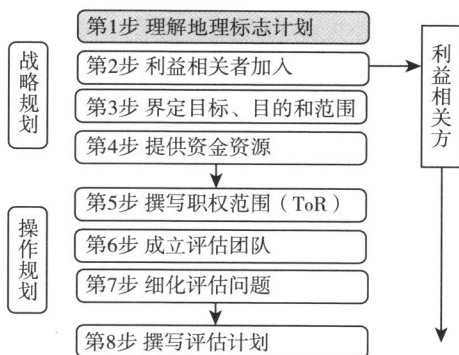

➡ 插文 28   地理标志计划行动的实施

地理标志计划的基本要素：哥斯达黎加乌哈拉什佛手瓜

佛手瓜（*Sechium edule*）是葫芦科（瓜类）植物的果实。乌哈拉什山谷是哥斯达黎加最大的佛手瓜产区，该区域位于卡塔戈省帕拉伊索县，拥有悠久的种植传统，果实出口量可观。这里具备理想的农业气候条件，能够产出高品质果实。佛手瓜是该地区的主要农作物，深深融入当地的文化认同与传统之中。2014年，佛手瓜生产者协会开始制定策略，计划通过"原产地名称（DO）"认证来突显乌哈拉什佛手瓜的特色。这一质量标签的开发主旨是，借助差异化提升生产者的市场准入能力——乌哈拉什佛手瓜在消费者中本就享有优质口碑。该计划的最终目标是提高生产者收入，并助力他们建立集体组织。地理

佛手瓜果实

标志计划的启动始于哥斯达黎加国立大学（UNA）下属研究中心 CadenAgro 的一项研究，即通过收集佛手瓜的特性及其生产体系相关信息评估产品潜力。研究发现，乌哈拉什佛手瓜具备注册为"原产地名称"的良好潜力。在后续阶段，当地生产者参与了多场会议，就共同规则达成共识，并起草了该"原产地名称"的《操作规范》。

资料来源：粮农组织，2018。

4.2.3　第2步：利益相关者加入

利益相关者的参与是整个评估过程不可或缺的部分。需要认真考虑谁是利益相关者，以及如何激励和授权他们在这一过程中发挥积极作用。

第2步包括确定与地理标志计划相关的利益相关者，并规划需要他们积极参与的活动。在最终目标是为利益相关者提供改善其集体和个人行动的方式的情况下，参与式评估方法（见插文29）具有许多优势。从一开始就应让各类利益相关者参与评估过程（见插文30），应该让利益相关方有机会为界定评估

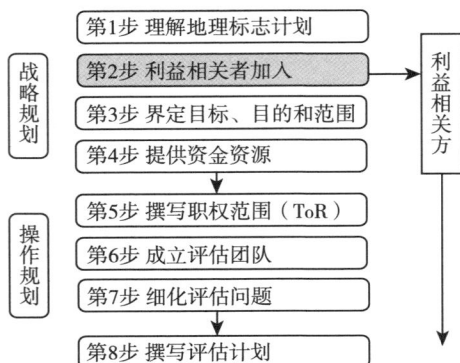

战略规划
- 第1步 理解地理标志计划
- 第2步 利益相关者加入
- 第3步 界定目标、目的和范围
- 第4步 提供资金资源

操作规划
- 第5步 撰写职权范围（ToR）
- 第6步 成立评估团队
- 第7步 细化评估问题
- 第8步 撰写评估计划

利益相关方

目标做出贡献，提供数据和信息，并帮助解释结果。这使他们能够充分了解评估结果，并在决策过程中适当考虑这些结果。

> **➔ 插文 29　定义**
>
> **参与式评估方法**
>
> 　　利益相关者的参与程度会因评估过程中使用的主要方法而异。有可能利益相关者（不参与评估）只是被告知正在进行的评估过程，并被要求提供评论和反馈。也有可能利益相关者完全参与到战略阶段，他们帮助确定评估的目标和范围，并提名一位管理人员来执行评估。利益相关者也可以参与评估的操作阶段，参与数据的收集、分析以及结果的解释。

> **➔ 插文 30　评估建议**
>
> **确定评估中利益相关者**
>
> 　　确定评估中利益相关者包括：
> - 编制一份对地理标志计划感兴趣的个人和组织名单。
> - 确定这些利益相关者在倡议中的利益并对其进行评估。
> - 识别他们的信息需求。
> - 根据他们的需求和兴趣，确定他们参与计划的程度。
> - 确定潜在的评估参与者（即主要利益相关者）。
> - 邀请参与者加入评估小组。
> - 确定评估结果的潜在使用者（即次级利益相关者）。
>
> 　　资料来源：Zarinpoush F, 2006。

　　在地理标志计划中，选择哪类利益相关者参与评估需要仔细考虑（见插文 31）。哪些利益相关者将参与评估取决于评估的目标和范围，而且在评估过程的不同步骤和活动中，参与评估的利益相关者可能有所不同。

> **➔ 插文 31　评估建议**
>
> **前瞻性评估中，选择利益相关者参与的标准**
>
> 　　根据以下标准，选择纳入评估过程的利益相关者群体应是原产地产品体系不同环节的代表：

- 公平性和包容性（公共和私人利益相关方都应包括在内）。
- 利益相关者的地理位置（应代表原产地产品体系的所有区域）。
- 资源所有者（土地或基础设施所有者、劳动者等）的均衡参与。
- 代表价值链的所有环节（农民、加工商、分销商、消费者等）。
- 每个环节中所有类型利益相关者的代表性（如生产环节的小农户与大土地所有者、加工环节的手工与工业加工商、销售环节的当地贸易商与出口商等）。

利益相关者对评估的积极参与需要一些特别的能力和资源（见插文 32）。可以采取多种方法来确保利益相关者的参与。包括可以按参与者类别（如农民、加工商等）来组织小组会议，如果地理区域广泛，也可以按地理区域组织小组会议，或者同时考虑参与者类别与地理区域来组织小组会议。小组会议使不同的利益相关者都能够表达他们的观点，应以通俗易懂的方式为各小组会议提供评估过程的信息和评价报告摘要，可以组织多次大会讨论评估中出现的不同观点。应给予弱势群体知情权和参与权，以便他们能够参与这一过程。

● 插文 32 评估建议

促进利益相关者参与评估的规划和设计阶段

每一次评估都是一次学习的机会。学习程度取决于所吸取的经验教训被记录和分享的程度。可以通过多种方式促进利益相关者参与规划和设计阶段：

- 使主要利益相关者熟悉参与式评价的优点和运作方式。
- 评估利益相关者团体或个人的信息需求，衡量他们投入的潜力与水平。
- 制定利益相关者参与的框架战略，对预期、优先事项、活动、参与程度、责任等做出明确规定。
- 确定利益相关者参与的成本（如培训、数据收集/分析、实地调查、运输等成本）。
- 决定如何监督/记录利益相关者的参与活动。
- 修订和完善评估战略，确保其包含的方法和做法是已被证明有效的。

资料来源：加拿大国际开发署，2011。

各级公共机构也可以参与评估过程。他们的参与可能有助于确保地理标志计划对当地发展和公共利益（如农村景观保护、水安全、性别问题）的影响得到适当考虑。

从一开始就决定哪些利益相关者必须参与评估，何时以及如何进行。必须根据具体情况选择操作工具，同时考虑到原产地产品体系和地理标志计划所涉及的利益相关者的特点。

不同的利益相关者可能有不同的看法，如对权力不平衡的看法。因此，达成共识可能有一定难度。解决方案之一是将集体讨论与小组会议或个人评估活动交替进行，以使所有意见都能被听到。

如果利益相关者对原产地产品和地理标志计划了解较少，则可能有必要提供有关原产地产品特征与地理标志作为发展工具的意义和潜力的基本信息。

插文 33 提供了一个工具，用于描述利益相关者在评价过程中的特征和作用。

➡ 插文 33　方法

利益相关者评估和参与计划：总体安排

利益相关者类型	主要特征、数量、位置、联系等	对地理标志倡议的兴趣和期望	评估中的角色，他们可以扮演哪些角色？	如何以及何时参与评估；确定正确的时机，同时考虑最终的授权行动
当地小农户				
当地大农户				
小型手工加工者				
大型加工商				
批发商				
地方市政当局				
当地非政府组织				
……				

4.2.4　第3步：界定目标、目的与范围

一旦准确界定了地理标志计划的基本要素，发起人就必须澄清评估的最终目标（见插文 34）。最终目标不是收集信息，而是利用收集到的信息来优化地理标志计划，并优化其对当地生产系统和农村地区的影响。

发起人随后必须在一份目的声明中定义评估的目的，该声明应反映计划的核心目的（见插文 35 和插文 36）。目的陈述指导评估，它指定了将使用的主要工具，并确定了所需的信息。必须从一开始就以明确和清晰的方式制定评估目标，以便明确界定评估期间将要开展的活动和将要解决的问题。

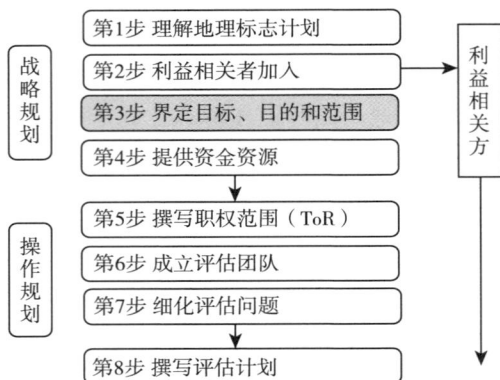

战略规划
- 第1步 理解地理标志计划
- 第2步 利益相关者加入
- 第3步 界定目标、目的和范围
- 第4步 提供资金资源

操作规划
- 第5步 撰写职权范围（ToR）
- 第6步 成立评估团队
- 第7步 细化评估问题
- 第8步 撰写评估计划

利益相关方

● 插文 34   范例

评估的最终目标

地理标志评估的一些可能的最终目标包括：

- 改进地理标志计划，使其更加高效和有效。
- 修改关键规则以实现附加值在农民之间更好分配。
- 修改行为准则以改善该计划的社会和环境影响。

● 插文 35   范例

评估目的

地理标志计划评估可能旨在回答以下问题：

- 地理标志计划对生产者的收入和进入市场的机会有什么影响？
- 消费者在多大程度上欣赏地理标志产品？消费者愿意为地理标志产品支付更高的价格吗？
- 地理标志计划对当地生态系统有什么影响，它如何影响水污染和土壤退化？
- 地理标志计划对当地旅游业和社会发展动力有什么影响？

→ 插文 36　地理标志计划行动

理解地理标志计划并确定评估目标与目的：塞内加尔卡萨芒斯之果
（Madd de Casamance①）

马德果（Madd）是非洲李（*Saba senegalensis*）的果实，这种野生藤本植物是西非天然森林的特有物种。过去 30 年间，马德果的商业化程度日益提高，果实既可以鲜售，也可加工后出售（如制成果酱、果汁、软糖或糖浆）。塞内加尔卡萨芒斯地区的马德果因品质优于马里、科特迪瓦及布基纳法索的马德果而享有盛誉。因此，该果实被认定为塞内加尔潜在的地理标志保护候选产品，联合国粮农组织资助了一项研究，分析通过地理标志进行保护的可行性与实用性。研究显示，塞内加尔马德果的生产体系具备多项适合地理标志保护的特征：本地产品品质高、声誉好，小型加工单元组成合作社，在农村就业和环境保护中发挥重要作用，市场潜力可观等。但该生产体系的其他方面也使地理标志保护的适用性降低，例如，采摘环节协调薄弱，技术管理落后（如原料保存或运输环节），产量存在季节性波动等。

评估规划阶段的第一步，旨在让各方就卡萨芒斯马德果潜在地理标志计划的意义与目标达成共识。

基于初步研究确定的当地价值链中各类利益相关方组织了一场为期两天的会议。首先，参会者讨论了塞内加尔的背景、马德果价值链、果实潜力及正在开展的马德果相关活动。随后，围绕地理标志计划的基本特征与功能展开讨论，特别强调了环境与社会问题。最后，介绍了评估过程的目标与方法。为让各方就地理标志计划的潜力达成共识，利益相关方围绕以下问题展开讨论：

- 所有人是否对地理标志计划的特征与潜力有清晰且一致的理解？
- 所有参会者是否对当地生产者协会的目标有共同认识？

---

① Madd de Casamance 被称为"卡萨芒斯之果"，Madd 是一种野生水果，一种带有坚硬黄色果皮的浆果，主要分布在布基纳法索、塞内加尔、几内亚、几内亚比绍、马里、加纳和科特迪瓦的林地和某些热带草原。这种植物是一种带有卷须的攀缘藤本植物，可以让它在野外附着在树干和树枝上。它的黄白色和绿白色的花朵很香，它的果实呈卵形，成熟时呈橙色，长可达 10 厘米，宽可达 8 厘米，果实内满是包着果肉的种子。这种水果富含碳水化合物和维生素 A、维生素 K 和维生素 C。在新鲜食用时，种子味酸，通常用糖、盐或胡椒调味或本身用作调味品。这种水果还可用于制作果汁、糖浆和蜜饯。塞内加尔南部卡萨芒斯（Casamance）地区生长的"卡萨芒斯之果"，因其风味和药用特性而广为人知。它有很大的潜力成为该地区的龙头地理标志，以及非洲第 1 个野生产品地理标志。"卡萨芒斯之果"注册为地理标志的过程始于 2017 年，并于 2019 年正式启动了一个试点项目，将"卡萨芒斯之果"注册为地理标志。

- 利益相关方对地理标志计划有哪些预期效果？

利益相关方对地理标志计划的预期主要包括：保护"卡萨芒斯之果"名称免受市场仿冒，保护这一自然资源，以及促进社会与区域发展——即提高当地生活水平（尤其是青年和妇女的生活水平）。因此，前瞻性评估的最终目标是对照这些预期，评估卡萨芒斯马德果地理标志计划的可行性与实用性。在首次讨论中，利益相关方一致认为，前瞻性评估需回答以下问题：

- 地理标志计划应纳入的最适宜地理区域是哪些？这一选择对产品名称的确定有何影响？
- 生产实践规则如何减少马德果生产对环境的影响？
- 马德果的加工环节是否应纳入操作规范（CoP）？
- 生产者如何满足市场对加工果实的质量标准与包装要求？

资料来源：粮农组织，2018。

即使重点是特定的目标和领域（社会、经济或环境），分析也应尽可能多地考虑计划影响的多维性，从而考虑各个领域。可用于评估的财政和人力资源量可能会影响可评估领域的数量和类型，以及评估本身的准确性。

在下一步中，必须界定评估的范围（见插文 37 和插文 38），必须确定将要评估的因素的范围（即分析中包括哪些因素，排除哪些因素），并且，必须决定哪种影响与分析或多或少相关。

➲ 插文 37　范例

评估范围

如果评估的总体目标是量化地理标志计划对生产者收入的影响，那么必须考虑几个问题。评估是否只考虑那些即将参与（在回顾性评估中指那些正在参与）地理标志计划的生产商？还是也应该考虑没有进入地理标志计划的生产商（因为他们位于规则设定的地理边界之外，或者是他们自己选择不进入）？分析应仅限于农民，还是也应包括加工商或贸易商？

评估范围的界定在前瞻性评估中通常比在回顾性评估中更复杂，因为在前一种情况下，地理标志计划尚未被真正界定。当地理标志计划已经在运行时，范围的界定通常更容易。总的来说，评估范围越广，进行评估就需要越多的资源和能力。

→ 插文 38   地理标志计划的实施

雷蒂瓦受保护的原产地名称奶酪（L'Étivaz PDO cheese）①（瑞士）的评估范围的定义

对雷蒂瓦受保护的原产地名称奶酪（瑞士）价值链可持续性性能的评估意味着确定了该链的地理边界。下图是对雷蒂瓦奶酪价值链的简化显示，其中考虑了用于评估目的的各个步骤。

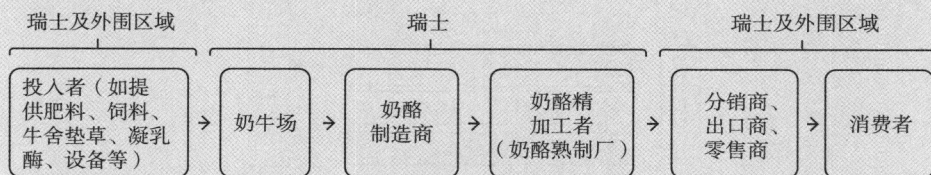

| 瑞士及外围区域 | 瑞士 | 瑞士及外围区域 |

| 投入者（如提供肥料、饲料、牛舍垫草、凝乳酶、设备等） | → | 奶牛场 | → | 奶酪制造商 | → | 奶酪精加工者（奶酪熟制厂） | → | 分销商、出口商、零售商 | → | 消费者 |

雷蒂瓦受保护的原产地名称奶酪的价值链

地理标志计划的评估范围可能是从农业投入品的供应到消费。然而，投入品供应阶段很难评估，因为可能很难获得有关投入品生产和运输的信息，而且许多其他食品的价值链相互影响。以雷蒂瓦奶酪为例研究得出的价值链阶段包括农业生产阶段、初级加工阶段（牛奶聚合和奶酪制作）和次级加工阶段（奶酪精炼）。评估还考虑了（价值链的）包装、出口和零售阶段，虽然数据有限，但与其他价值链的互动程度很高。

资料来源：Schmitt E、Tanquerey Cado A 和 Cravero V 等，2015。

4.2.5   第4步：提供资金资源

评估成本高昂。收集信息、组织和参加会议、填写数据表、分析收集的数据、组织信息等都需要资金和时间。所需资源的总量取决于：

---

① 雷蒂瓦奶酪，也称莱蒂瓦兹或莱蒂瓦奶酪，是用生牛奶制作的高山奶酪，是瑞士第一种获得 AOP 认证的奶酪。雷蒂瓦奶酪的名称是以瑞士西部沃州（Vaud）的小山村 L'Étivaz 来命名的，因为所有的雷蒂瓦奶酪都是在这里的熟成地窖中统一熟成的。雷蒂瓦奶酪的外形是扁圆形的，直径为 30～65 厘米，高度为 8～11 厘米，重 10～38 千克。它的外表是棕黄色的且略带湿润，内芯颜色呈象牙黄色，质地细腻，吃起来带有轻微的烟熏味和坚果味。这种奶酪不但富含 $\omega-3$ 不饱和脂肪酸，而且几乎完全不含乳糖，因此，对乳糖不耐受的人也可以放心享用。雷蒂瓦奶酪仅在每年的 5 月 10 日至 10 月 10 日由分布在沃州地区的阿尔卑斯山上的 65 个农家高山牧场（海拔 1 000～2 000 米）手工生产，之后这些新制成的奶酪在 7 天内会被运送到雷蒂瓦镇的熟成地窖，由专业的熟成师进行 5～36 个月的护理熟成后上市。雷蒂瓦奶酪有两种版本：熟成 5～8 个月的普通版-雷蒂瓦奶酪（L'Etivaz）；熟成 36 个月的超熟版-雷蒂瓦·雷比斯奶酪（L'Etivaz à rebies）。

- 评估的目标与范围。
- 原产地产品体系的复杂性，即所涉及的利益相关者的数量、异质性、所参与的价值链环节等。
- 所需的准确度。
- 现有二手数据的可用性。
- 观察和监测计划效果所需的时间段。
- 所需的能力素质。

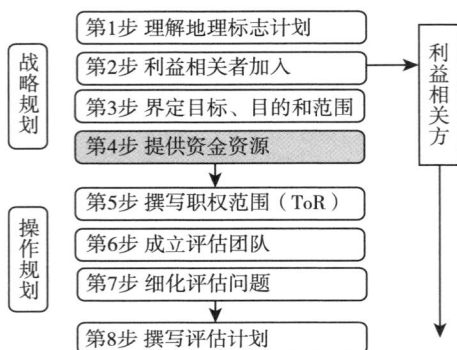

如果发起人的资金和人力资源有限，则可能需要根据可用资源调整评估。评估的目标、范围和所要求的准确性应与现有资源相一致。可能需要根据可支配的预算，在不影响质量的情况下，简化评估以降低成本（见第 7 步，关于如何使评估方法适应具体的地理标志计划）。

无论预算如何，发起人都应该对评估成本进行估算，并为评估人员要开展的主要活动制定一个粗略的预算。插文 39 提供了这种预算结构的示例。预算的制定可能会促使寻求额外资金或重新考虑评估的范围和目标。如果发起人将评估工作分配给外部评估人员，预算可能是招标的基础。

➡ 插文 39 方法

一年期项目评估预算表

活 动	费用类型	预算费用
评估规划与准备	工作天数	
田野工作（会议、调研、访谈……）	工作天数	
田野工作（游历）	旅费	
田野（最低生活费）	工作天数	

（续）

活 动	费用类型	预算费用
结果细化阐释	工作天数	
分析信息	工作天数	
传播与交流	工作天数	
……		
总预算		

4.2.6 第5步：撰写职权范围（TOR）

战略规划以编写职权范围文件而宣告结束，这份报告组织和概括了步骤1至步骤4中所决定的内容。职权范围为如何继续评估地理标志计划，以及如何使用评估结果来改进计划提供了指导。职权范围使规划过程中的操作程序明晰化。职权范围根据以下关键问题对发起人和管理者以及评估团队的动机、资源、角色和责任做了明确陈述：

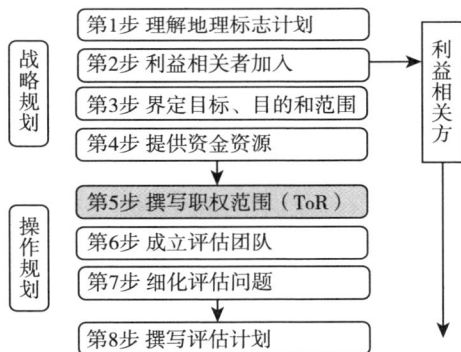

- 为什么要进行评估（评估的目标和目的）？
- 原产地产品和地理标志计划的利益相关者中谁应该参与评估，负责评估的团队应该有什么特点，在评估过程中不同利益相关者的角色和责任分别是什么？
- 将要评估的内容是什么（评估范围）？
- 执行评估的主要准则是什么（包括指导原则和方法）？进一步的细节将由评估小组在评估过程的下一步中详细说明，并体现在评估计划的报告中。
- 什么时候必须完成里程碑式的重要事件，应该什么时候完成评估？请注意，监测的时间跨度与评估的具体目标有关。在回顾性评估的情况下，时间跨度应允许需要监测的影响充分表现出来，在前瞻性评估的情形下，应与计划实施的时间保持一致。

- 将提供哪些人力和资金资源用于评估？
- 将开展哪些传播和实施经验教训的活动？

　　根据职权范围，发起人为评估过程的后续步骤（运营和实施）选择一名经理，并成立一个评估团队（见第 6 步）。根据发起人设定的内部规则以及地理标志体系的重要性和复杂性，可以或多或少使用正式措施（如公共调用）来选择管理者。对于规模较大且多方利益相关者参与的评估，以更详细的方式规定不同参与者，特别是评估团队的角色和责任，并将职权范围变成一份更正式的文件。在小型原产地产品体系的情况下，职权范围的性质略有不同，其中评估团队由发起人组织的人员组成。不过，即使对于较小的系统，有一个简化清晰的职权范围指导评估活动，也是很重要的。

　　职权范围是评估期间所有活动的参考文件。根据职权范围的内容，评估团队起草评估计划（通常由发起人批准）（见第 8 步）。插文 40 概述了评估的职权范围，强调了评估应包括的主要要素。

➡ 插文 40　方法

评估地理标志计划的职权范围概览

	内容	需要回答的关键问题示例
为什么	本部分提供了有关评估的具体目标以及评估的预期用户和用途的信息。	评估的主要目标是什么？ 评估的最终目标是什么？ 评估要遵循的基本原则是什么？ 如何使用评估结果？ 谁将是主要用户？
谁	本部分表明了谁应参加评估： • 原产地产品和地理标志计划中正在参与或应该参与评估的利益相关者。 • 管理评估的团队的特征。	地理标志计划中的利益相关方有哪些？ 哪些类别的利益相关方应参与评估？ 他们应扮演何种角色？ 如何让利益相关方参与其中（作为咨询委员会成员、评估团队成员，还是数据提供者）？ 评估团队成员应具备哪些专业资质、经验和专长？ 评估将由内部人员、外部人员执行，还是由内外结合的团队共同开展？ 哪些选拔标准适用于外聘评估人员？
什么	本部分介绍了地理标志计划及其背景（包括地理标志计划所建基的原产地产品体系），定义了评估范围并提出了评估问题。	为什么需要地理标志计划？它的目的是什么？ 地理标志计划发起人和其他地方行动者的主要期望是什么？ 该计划的预期产品和结果是什么？

（续）

内容		需要回答的关键问题示例
什么	本部分介绍了地理标志计划及其背景（包括地理标志计划所建基的原产地产品体系），定义了评估范围并提出了评估问题。	地理标志计划目前处于哪个发展阶段？ 就评估对象的纵向（价值链上的活动）和地域（地理覆盖范围）边界而言，评估的范围是什么？ 哪些环境、社会或经济因素可能会影响地理标志计划的绩效？ 地理标志计划可能会影响哪些环境、社会或经济因素？ 关于产出（一阶效果）、结果（二阶效果）和影响（三阶效果），必须回答哪些评估问题？
怎么样	本部分概述了评估的一般方法和评估期间计划的主要活动，以及评估的主要产出（中期报告和最后报告）。	评估的一般方法是什么？ 如何将包容性、公平性和可持续性原则纳入评估并在评估活动中加以实施？ 计划开展哪些常规性活动，以实现评估目标并回答提出的评估问题？ 哪种数据收集方法更合适？ 评估小组应提供哪些行动和产出（中期报告和最终报告）？ 评估小组提供如何在评估计划中管理评估过程的详细信息（见第4.3节"操作规划"）。这些信息将在下一阶段的前瞻性和回顾性评估中得到完善。
什么时候	本部分提供了评估的时间表及其里程碑事件。	评估活动何时开始，何时结束？ 评估小组何时准备开始活动？ 评估活动的里程碑是什么（如开始实地分析、信息传播活动、提交最终报告等）？ 评估小组应在何时提供活动的详细工作计划？
资源	本部分提供关于计划评估活动预算的人力和资金资源信息。	哪些资源可用于支持评估（如人员、资金、空间、时间、伙伴关系、技术等）？ 哪些数据已经收集并可利用？ 分配给本次评估的预算是多少？ 支持评估的资金从哪里来？ 志愿者或合作组织是否（以现金或实物）为这项工作做出贡献？
说明与实施	本部分提供了关于评估过程期间和之后规划的传播活动的信息。它还详细说明了应如何落实评估期间吸取的经验教训。	谁将参与评估结论的起草、解释和论证？ 评估进展报告和评估结果报告的目标受众是什么？ 调查结果将如何、何时、何地使用？由谁来执行？

65

4.3 操作规划

操作阶段涉及评估过程的实施和管理规划。经理人（个人或团队）负责运营阶段，必须确保经理人具备所需的能力和技能，并能够按照职权范围中规定的目标，以最佳的方式进行评估。一开始，经理人起草评估计划，以实施职权范围。随后，在前瞻性和回顾性评估阶段，经理人根据评估计划实施和管理评估（见第5章和第6章）。

4.3.1 第6步：成立评估团队

评估需要对原产地产品体系，特别是当地经济和社会系统的动态有很好的了解。此外，还需要具备特定的能力，才能高标准地管理评价工作。原产地产品体系通常很复杂，地理标志计划可能会影响多个维度。因此，还需要具备跨学科能力（如农学、经济学、社会科学或环境科学领域），必须以正式方式确定参与评估各方的责任和将产生预期结果的程序。

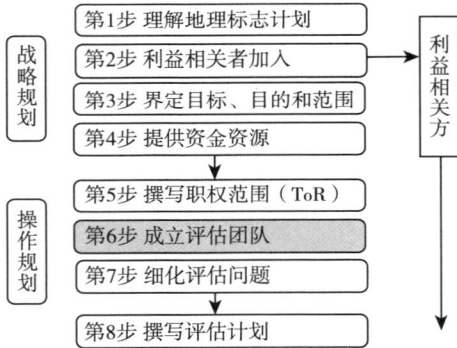

```
          ┌─ 第1步 理解地理标志计划 ┐
   战略    ├─ 第2步 利益相关者加入  ─┤──→ 利益
   规划    ├─ 第3步 界定目标、目的和范围 │    相关方
          └─ 第4步 提供资金资源    ┘
          ┌─ 第5步 撰写职权范围（ToR）┐    │
   操作    ├─ 第6步 成立评估团队    ─┤    │
   规划    ├─ 第7步 细化评估问题    ─┤    ↓
          └─ 第8步 撰写评估计划    ┘
```

经理人可以从发起组织内部（如当地生产者协会的成员）选择，也可以来自外部，如大学工作人员或私人顾问。这两种方案各有优缺点。来自内部的经理人可能更多地参与这一计划，雇佣价格也可能更便宜；来自外部的经理人往往会带来一些特别的能力，并可能更加客观。单个个体很少有人具备评估所需要的所有能力。因此，建议成立一个评估小组，根据主要评估原则和评估目标来管理评估过程。

评估小组必须具备关于地理标志的理论知识和实践知识，包括地理标志保护工具及其范围和限制、国家和国际地理标志规范，以及食品安全和质量、对投入品的使用、环境、劳动管理等相关的法律框架。评估小组还必须熟悉原产地产品的特点，包括其生产系统及其社会经济背景（见插文41），充分了解粮农组织/国际营养研究学会（Society for International Nutrition Research）地理标志指南中"将人、产品和地点联系起来"是绝对必要的，可能还需要以前有与农村和价值链参与者合作的经验。如果缺乏这些能力中的任何一项，都可能会增加时间和资金成本，而且也可能会影响评估过程的总体效率和评估结果的质量。

有必要对评估人员开展关于地理标志评估特定方面的课程培训。建议将当地大学或研究机构纳入评估小组，因为这样会提升技术能力和科学能力，而且会具有更客观的视野。

应从评估小组成员中挑选一名经理人。经理人应监督评估小组成员，协调他们的活动，并与发起人沟通。

评估小组是负责评估日常规划和管理的核心小组。除了评估小组，其他人也可能会参与到具体的评估活动中。例如，生产者可以提供数据并帮助解释评估结果，数据采集者可以帮助收集数据，统计学家可以分析阐释收集到的数据。

➡ 插文 41　地理标志计划的实施

多学科评估小组：以受保护原产地名称帕尔玛火腿①（意大利）为例

评估帕尔玛 PDO 地理标志计划的目的是根据通过参与式方法选择的一组可持续性参数评估 PDO 价值链的绩效，如可负担性、附加值、弹性、劳资关系、连锁治理、动物福利和属地。对于这些参数中的每一个都计算了一组指标。

鉴于评估的多维度性，评估团队中包括了具有不同能力的各种行为者，如兽医、食品科学家、经济学家、企业家等。

- 意大利动物生产研究中心专家。
- 帕尔马大学的研究人员。
- 价值链利益相关者（包括帕尔马火腿联合会、帕尔马火腿生产商、美食路线协会"山丘火腿与葡萄酒之路"和消费者组织）。

资料来源：De Roest K、Pignedoli S 和 Belletti G 等，2014。

---

① 帕尔玛火腿（Prosciutto di Parma），产自意大利帕尔玛省（Parma）内的南部山区。维西利亚海吹来的海风拂过松树和橄榄树而变得和缓，掠过亚平宁山脉而变得干燥，而且充满了栗子树的气味，最后在制作区域将帕尔玛火腿风干，赋予其特有的甜腌香气。帕尔玛火腿原料猪必须采用意大利特有猪种，体重超过 150 千克。它在制作时用盐腌、晾干，并且有 10～12 个月的熟化时间。这一切成就了帕尔玛火腿成为全世界最著名的生火腿，其品质色泽嫩红，如粉红玫瑰般，脂肪分布均匀，口感于各种火腿中最为柔软。帕尔玛火腿是全世界最著名的生火腿之一，受欧盟法定产区保护和规范。2005 年，经欧盟委员会推荐，意大利帕尔玛火腿生产商会提出其在中华人民共和国境内注册地理标志保护产品的申请，2012 年 9 月 18 日起，中国对帕尔玛火腿实施地理标志产品保护。

4.3.2 第7步：细化评估问题

一旦明确了评估的目标与范围、确定了参与评估的利益相关方后，需制定一份评估问题清单，以便根据最关键的问题对评估进行细化（见插文 42）。评估问题的设计应基于地理标志计划及其各项活动的具体目标、原产地产品体系的特征，以及由发起方确定的评估目的。随后，应邀请利益相关方明确评估需要解答的具体问题，并编制一份包含不同视角，涵盖多方面潜在问题的清单。然后，评估团队需通过判断每个问题是否确实与地理标志计划及其可能产生的产出、成果和影响相关，来核查问题的相关性与可行性。强烈建议评估问题涵盖所有 3 个层级的效果（产出、成果和影响），避免仅关注于其中最微不足道的效应。

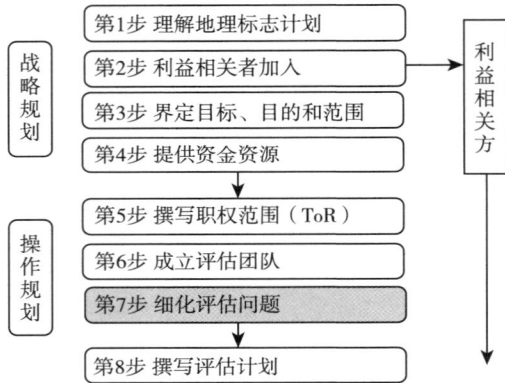

评估问题既应考虑质量良性循环，也应适当考虑当地独特资源的可持续利用和再生产，因为这是地理标志产品身份和声誉的基础。出于环境原因与经济原因，这些资源的再生产非常重要。至关重要的是，评估问题应超越生产者的短期利益，涵盖地理标志计划的所有影响，包括生产者经常忽视的社会和环境可持续性。

所选择的评估问题应与地理标志计划及其未来发展的至少一个目标直接相关。评估问题的选择对评估过程的复杂性有着重要的影响。

某些评估问题，特别是与三阶效果有关的问题，如对环境（水、遗传资源、景观）的影响，需要很长时间的监测，同时要求评估团队具备特定的能力。因此，评估问题的选择必须与所提供的人力和资金资源完全匹配（见第 4 步）。因而，应首先基于相关性来选择（评估）问题，然后再根据数据的可获得性及成本进行筛选。

对于评估的每一个目标，都应把评估问题汇编成"问题卡"（插文 43）。

➡ 插文 42 范例

评估问题

与产出相关的评估问题（一阶效果）：

对地理标志计划进行回顾性评估，还是针对前瞻性评估：

- 吸引目标群体（如农民、消费者、加工商等）的关注？
- 吸引预期数量的参与者？
- 刺激地理标志产品的产量和销量增长？

与成果相关的评估问题（二阶效果）：

对地理标志计划进行回顾性评估，还是针对前瞻性评估：

- 提高生产者的利润？
- 拓宽所使用的营销渠道范围？
- 助力进入新的地理市场？
- 提高地理标志产品的销售价格？
- 改善产品质量？
- 促进生产者的集体组织（如建立集体机构、网络及合作伙伴关系）？

与影响相关的评估问题（三阶效果）：

对地理标志计划进行回顾性评估，还是针对前瞻性评估：

- 对当地劳动力市场产生影响（如推高工资水平）？
- 使生产者的技能、知识、态度或行为发生改变？
- 在环境保护方面产生预期影响？
- 对当地（女性）就业产生影响？
- 助力缓解贫困？
- 鼓励较贫困的生产者参与集体行动？

➡ 插文 43 方法

表明特定目的的问题卡及其评估问题

评估的具体目标

评估地理标志计划对生产者收入的影响。

评估范围

使用地理标志标签的生产者。

评估的主要问题

该倡议对不同类别生产商的成本和成交量有何影响？

哪种类型的生产者受益最大？

地理标志计划是否提高了产量和销售价格？

地理标志计划是否提高了地理标志产品的质量？

其他问题

不用地理标志标签的原产地产品的价格趋势是什么？

地理标志计划是否有助于减轻贫困？

从中长期来看，该计划是否有助于保护那些使原产地产品具有独特性的自然资源，以保证长期经济效益和环保消费者的使用权？

4.3.3　第8步：撰写评估计划

评估小组根据职权范围的内容，通常在发起人批准后拟定评估计划。评估计划是组织实地评估的工作计划。它规定了上一步界定的评估问题，回答这些问题必须收集的信息，以及收集和解释数据所使用的方法，并确定了活动的时间和组织。因此，评估计划确保了可用的人力和财力资源与将要开展的活动之间的匹配性。评估计划应考虑下一阶段的主要步骤：是使用前瞻性评估还是回顾性评估，视具体情况而定（见第5章和第6章）。随着评估的推进，评估团队需要对评估计划进行微调，并从现场获得更多关于地理标志计划的信息。因此，评估计划是一个动态工具，一份必须不断更新的动态文件，以反映实地具体的困难和问题情况。

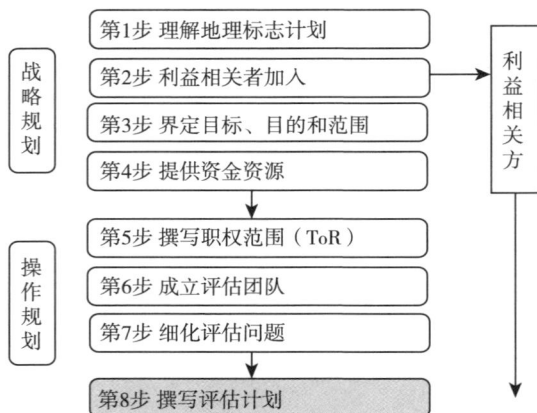

评估计划获准执行，标志着步骤8的结束。评估经理人负责根据评估计划在前瞻性和回顾性评估阶段对评估进行操作和管理。插文44概述了评估计划的关键要素。

◉ 插文 44 方法

评估计划的结构和内容

必须根据战略规划阶段可用的信息填写表格的每个单元格。一旦开始开展实地评估活动，就有更多细节需要评估小组补充进去。换言之，评估小组应在流程的每个阶段提供尽可能多的细节。

前瞻性评估或回顾性评估	要收集的主要信息类型	收集和解释数据的方法	要参与的利益相关者，以及如何让他们参与进来	需要的人力和财力资源	活动的时间安排（每一步的开始和结束，里程碑）
第1步：初步分析					
第2步：绘制和评估影响					
第3步：思考和决策					

5 前瞻性评估：是否启动以及 如何启动地理标志计划

本章专门介绍在前瞻性评估，或称为事前评估中，利益相关者必须决定是否启动以及如何启动地理标志计划。利益相关者参与制订地理标志计划，并决定将哪些规则纳入行为准则。

5.1 前瞻性评估的作用和步骤

前瞻性评估或事前评估，是指与原产地相关的质量良性循环的识别和资格鉴定阶段。其中，在识别阶段必须明确识别原产地产品；在资格鉴定阶段，可以启动一项计划，以便更好地鉴定市场上的原产地产品。

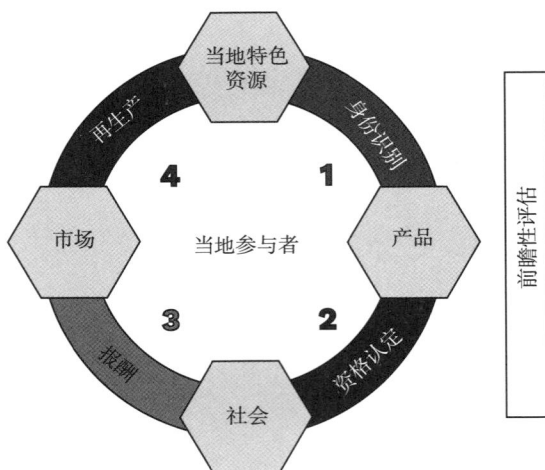

关于是否以及如何启动地理标志计划的决定，需要利益相关者之间意见达成一致，这就可能对时间、人力和财力方面提出了很高的要求。前瞻性评估可以通过预测地理标志计划在经济、社会与环境3个不同领域中造成的可能影响，帮助利益相关者做出最佳决策。规划阶段制定的评估问题通过示意绘制应该评估哪些影响来指导前瞻性评估的过程。

在对原产地产品体系进行初步分析（第1步）后，收集利益相关者可能就地理标志计划的特征采取的替代决策的潜在影响的数据（第 2 步）。最后，利益相关者讨论分析结果，并做出最终决策（第 3 步）（图 5 - 1）。

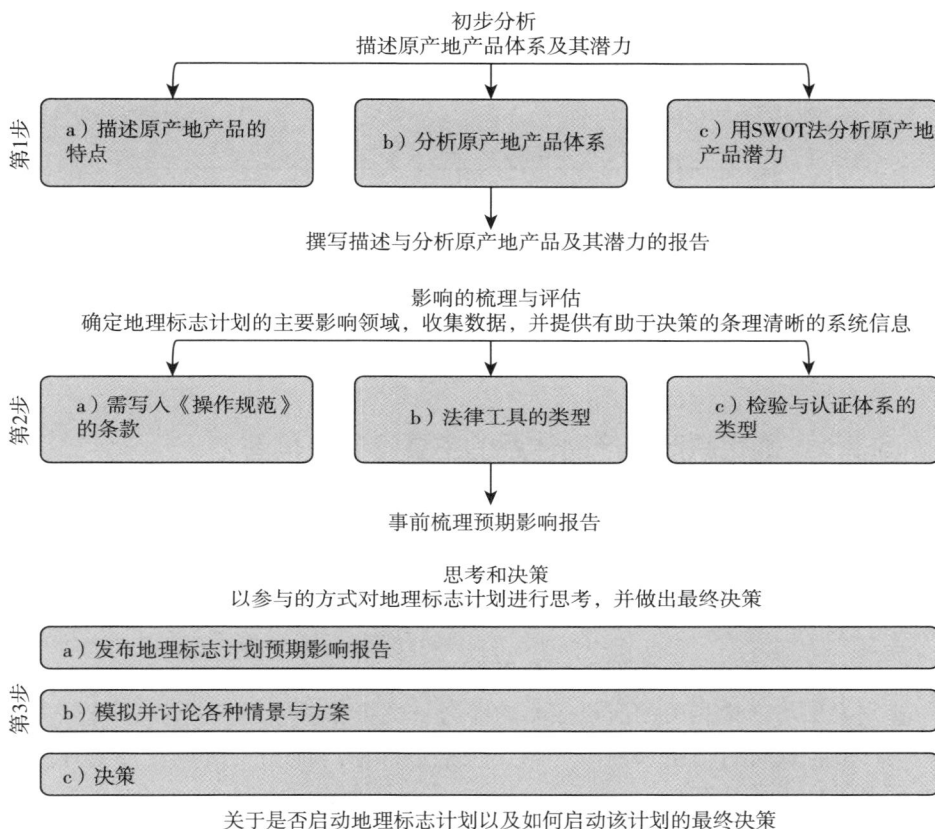

图 5 - 1　前瞻性评估的各步骤

5.2　第 1 步：原产地产品体系及其潜力的前期分析

5.2.1　前期分析的目的和步骤

对原产地产品体系进行清晰全面的前期描述和分析应作为评估的开端，这样做的原因主要有两点：

- 了解原产地产品体系是如何运转的，以及它在经济、社会和环境领域里的主要特征是什么。这一点很重要，因为前瞻性分析是基于对地理标志计划可能对原产地产品体系产生影响的预演。
- 在地理标志计划启动之前将原产地产品体系的状况拍摄下来并存照，为未

73

来的回顾性评估提供基线数据信息，从而评估地理标志计划产生的影响。

前期分析需要开展 3 项主要活动：

a）确定原产地产品的主要特征及其潜力。

b）深入分析原产地产品体系的特征及其演变。

c）生产体系的优势、劣势、机会、威胁（SWOT）分析。

初步分析
描述原产地产品体系及其潜力

第1步

| a）描述原产地产品的特点 | b）分析原产地产品体系 | c）用SWOT法分析原产地产品潜力 |

撰写描述与分析原产地产品及其
潜力的报告

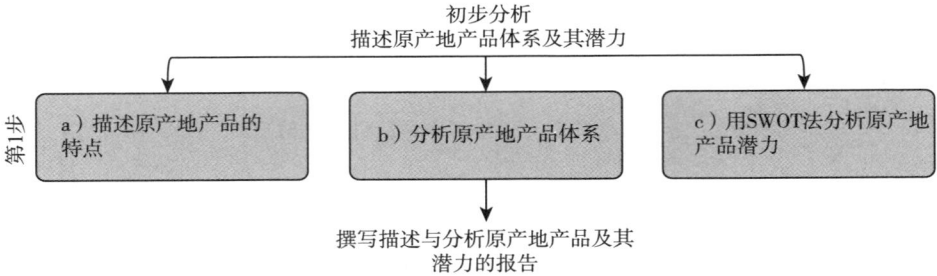

5.2.2 确定原产地产品体系的主要特征及其潜力

溯源网络工具是粮农组织开发的一种用于识别原产地产品的主要特征及其潜力的工具（见插文 45）。该工具旨在促进识别和描述产品与其地理来源之间的联系，重点关注其生产系统的优势和劣势。通过溯源网络工具，评估团队可以：

• 鉴别产品的质量与其地理来源是否有关。

• 鉴别发展与产地相关的质量战略的潜力（优势和劣势）。

• 为产品生成进行分析和简单介绍，包括进入原产地相关质量良性循环战略所必需的主要特征。

⊙ **插文 45 方法**

粮农组织的质量和原产地识别网络工具

通过区域推广战略，原产地产品可以成为原产地质量良性循环的突破点。这种循环的影响包括创造价值、保护生物文化财富和激活社会网络，所有这些都随着时间的推移而得到加强，有助于建立可持续的生产和消费体系。循环的第 1 步是识别阶段。在这一阶段，利益相关者确定产品是否具有与其地理来源（产品）相关的特定质量，以及推广策略将涉及哪些资源（地点）和利益相关者（人员）。

质量和原产地识别工具是一种在线与离线（均可以使用）的工具，可帮助用户鉴别产品是否具有与其地理原产地相关的质量（问卷 1），并鉴别制定地理标志流程与进入原产地质量良性循环所必须考虑的维度（问卷2和问卷3）。欲了解更多信息请访问 GI@fao.org。

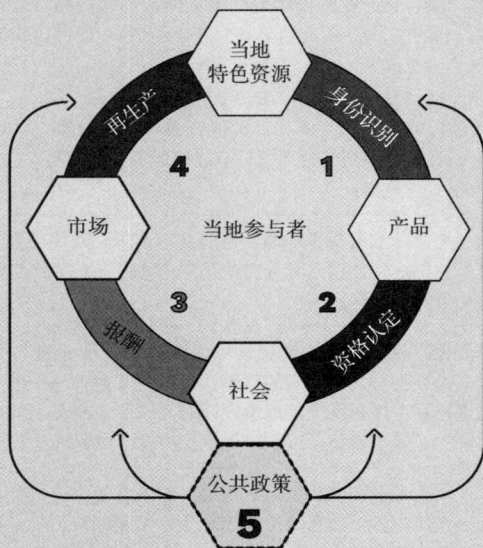

5.2.3 分析原产地产品体系的特征及其演变

表5-1列举了分析原产地产品体系的特征时应考虑的要素。

表5-1 原产地产品体系分析中需要考虑的要素

当地环境	将原产地产品的局部环境嵌入原产地产品体系的地理、经济社会环境及其动态之中。包含地方和区域公共政策环境。
产品和工艺	产品及其工艺的基本特征包括： • 质量特征和产品特异性。 • 生产工艺的特点。 • 原产地产品与当地人和自然资源的联系。 • 生产者之间产品质量的可变性。 • 生产区域的地理边界。
价值链	价值链的结构和演变可以通过许多变量进行分析，包括价值链的环节、生产者及其类型（根据销售额或原产地产品的专业化程度等进行分类）、工人的数量和类型以及所使用的技术。就后者而言，相互竞争的生产技术及其相关的生产成本与由此产生的产品的质量特征之间，具有特定的相关性。
组织与治理	对原产地产品体系组织和治理的分析包括对参与原产地产品生产和定价过程的参与者网络（企业、公共机构、集体组织等）、价值链不同环节之间的关系、冲突要素等的分析。

75

(续)

市场	原产地产品体系中与市场相关的维度包括： • 原产地产品企业所采用的营销策略：品牌战略、营销渠道（长渠道或短渠道：直销、向中间商销售或向超市销售）以及目标市场（本地市场、区域市场、出口市场）。 • 原产地产品在企业整体活动中所占的地位。 • 价值链的特征及其演变：价值链各环节的价格、价值在价值链中的分配情况、价值链各环节内部及环节之间的竞争状况等。其中，农民在价值链中的地位尤为重要。
消费	原产地产品的消费者是谁？他们是本地人，还是外地人？他们是年轻，还是年老？他们如何使用以及何时使用原产地产品？原产地产品与当地美食有联系吗？如果有，如何联系？
社会和 环境问题	原产地产品体系的社会层面可以通过以下变量进行分析：原产地产品与生计、当地社会与文化之间的联系，以及各种群体（妇女、青年、移民、非正规工人等）在生产系统中的地位。同时，原产地产品及其生产体系的环境影响包括对水质、景观特征、生物多样性保护及二氧化碳排放等的积极和消极影响。
地理标志 的使用	原产地产品参与者是否使用地理名称来营销原产地产品？他们只使用一个地名，还是使用多个地名？地理标志受私人商标保护吗？名称的使用是否存在冲突？原产地产品是模仿的，还是盗用了它的名字？这些问题是来自传统产区内部还是外部？

5.2.4 原产地产品体系的 SWOT 分析

前期分析的第 3 步，包括了分析原产地产品体系的主要优势和劣势，以及它所面临的机遇和威胁（SWOT 分析）（见插文 46）。SWOT 分析对于下一步的评估至关重要。实际上，任何地理标志计划都应该利用原产地产品的优势和机会，同时减少劣势，克服威胁。SWOT 分析应着眼于地理标志计划的包容性和可持续发展。

➡ 插文 46 方法

原产地产品体系的 SWOT 分析：调查结果示例

优势	劣势
即原产地产品在机遇和威胁方面的主要优势示例： • 原产地产品在当地市场享有良好声誉。 • 原产地产品在其最终市场上的价格很高，而这个价格在很大程度上为加工商和农民所有。	即原产地产品在机遇和威胁方面的主要弱点示例： • 农民和加工商面临高昂的生产成本。 • 生产者依赖于单一买家。 • 对农民提高质量的激励力度较弱。

（续）

• 原产地产品使用当地培植的品种来满足消费者的需求。 • 原产地产品的形象与当地文化传统紧密相连。 • 原产地产品的生产体系基于著名的生产和质量规则。 • 价值链上的行动者具有强大的竞争力和技能。 ……	• 生产系统与国内市场的联系较弱。 • 生产者缺乏集体组织，导致与下游企业打交道困难。 ……
机会 在此框中列出原产地产品在机会和威胁方面表现出的主要优势。 示例： • 消费者对特定质量产品和地理标志的兴趣正在增长。 • 消费者对生产过程的社会和环境层面的认识正在增强。当地生产者之间有高度的凝聚力。 • 政策制定者支持地理标志计划。 • 越来越多的游客来到该地区，当地传统和文化受到越来越多的关注。 • 超市对当地产品的需求正在增长。 ……	**威胁** 即原产地产品面临的来自经济、社会和环境背景及其演变的威胁。 示例： • 高质量细分市场的竞争日益激烈。 • 地名在中间和终端市场被滥用，或原产地产品被模仿，对原产地产品的声誉存在潜在的负面影响。 • 食品法规（如卫生条例）禁止某些传统做法。 • 加工与零售部门高度集中。 ……

　　根据前期分析（第1步），利益相关者应决定是否启动地理标志计划。如果前期分析的结果表明原产地产品没有足够的潜力，或原产地产品体系没有足够优势来推进地理标志计划，那么可能会转向其他策略和行动。

5.3　第2步：描绘并评估潜在效果

5.3.1　效果类别的概要图

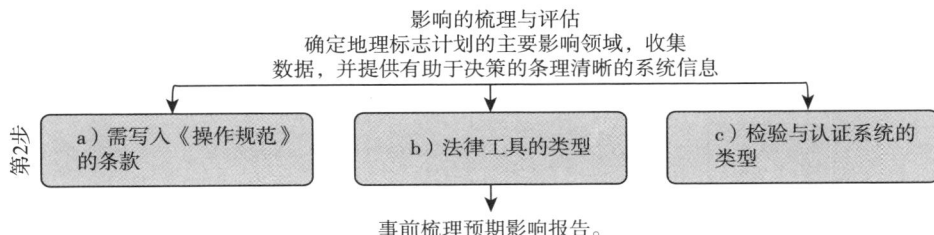

影响的梳理与评估
确定地理标志计划的主要影响领域，收集
数据，并提供有助于决策的条理清晰的系统信息

第2步

a）需写入《操作规范》的条款	b）法律工具的类型	c）检验与认证系统的类型

事前梳理预期影响报告。

　　一旦断定原产地产品和原产地产品体系有足够的潜力发展地理标志计划，就要确认与分析战略性选择方案，同时考虑到每种替代方案在经济、社会和环境领域的潜在影响，这构成了前瞻性评估的第2步。

　　地理标志计划设计的战略性选择方案涉及：

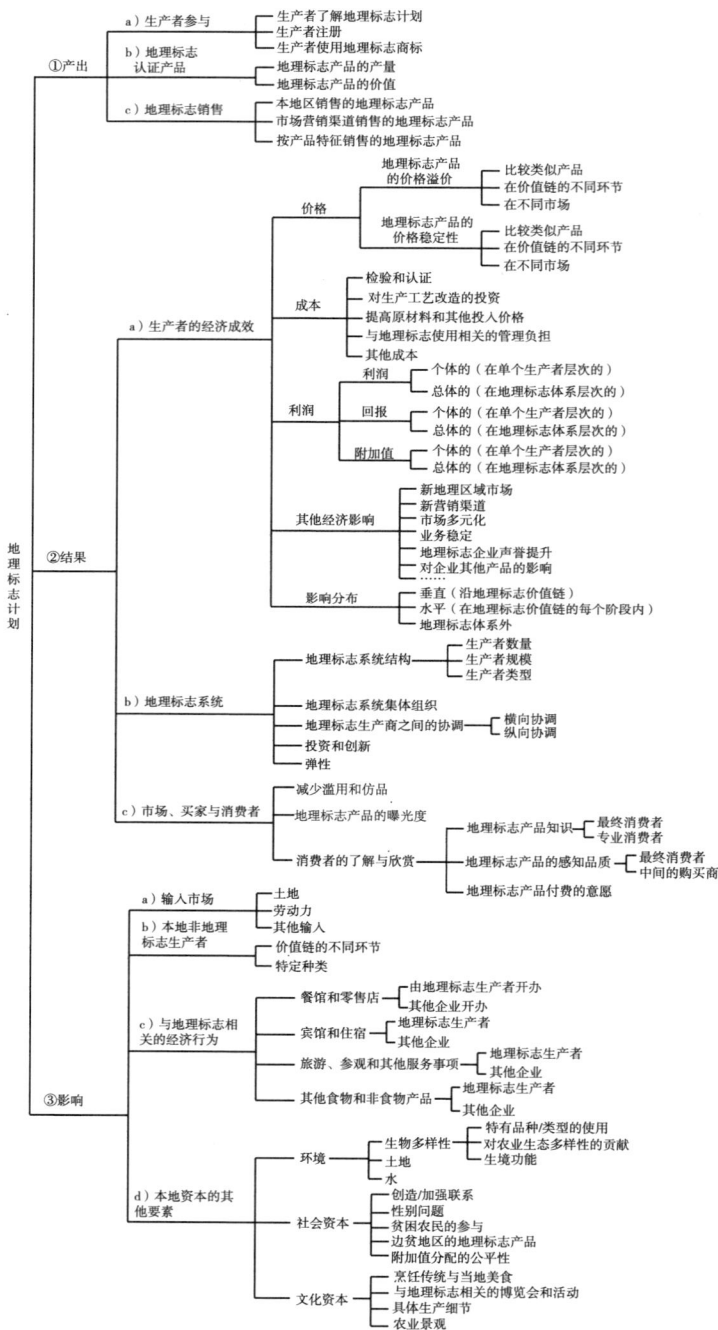

图 5-2　地理标志计划影响类别概括图
资料来源：作者自行整理。

a）将写入行为准则的规则。

b）用于保护地理标志的法律工具类别。

c）监测和控制系统的类型。

第 2 步中获得的信息将输入第 3 步，利益相关者将共同决定是否启动以及如何启动地理标志计划。

本节的其余部分讨论了在上述 3 个战略领域中分别做出的重要选择，及其可能产生的影响。根据潜在影响图进行影响分析（图 5 - 2），此分析应关注选定的评估问题（见 4.3.2 第 7 步）。

评估小组主要使用定性分析（见插文 47），而且可能对第 2 步与第 3 步使用不同的预测方法（见插文 48）。需要提醒的是，与设置地理标志计划有关的许多决定都是高度相互关联或相互依存的（如，某些法律工具需要特定类型的控制系统）。因此，在分析一个选择之后，应对地理标志计划的总体定义及其潜在后果进行全面评估。

◉ 插文 47 评估建议

前瞻性评估中的定性分析与定量分析

前瞻性评估对替代战略的分析，通常更多地基于定性分析和参与性讨论，而不是基于数据分析的统计方法。理论上，评估小组应通过（包括案头分析、调查、直接访谈、焦点小组讨论等）定量和定性方法，为每种备选方案收集信息，以预测其潜在影响。然而，在实践中，预期效果很少能够量化，因为很少有针对原产地产品体系的统计数据。为进行前瞻性评估而收集所需数据可能是耗时且成本高昂的事情。因此，通常只能根据专家和利益相关者的建议和信息，特别是评估发起人选择的关键变量（如价格、成本或营销渠道）来表达预测影响的大小（见第 4 节）。这种方法在科学上可能并不完全合理；不过，地理标志计划将受益于利益相关者的早期直接参与，这可能会弥补定量数据的不足，并促进所有对地理标志计划感兴趣的生产者之间的信息共享。

◉ 插文 48 方法

通过预测方式收集信息

预测方法可以分为两大类：定性的方法和定量的方法。这种划分本质上是基于数据的可用性（例如历史时间序列）。在实践中，这些方法组合起来可以用于准确预测和制订未来计划。

定量预测模型是把未来数据作为过去数据的函数来预测未来数据。当过去的数值数据可用时，可以使用它们。有两种主要类型的定量预测方法：第一种方法用特定变量（即时间序列）的过去趋势，在许多假设的基础上预测该变量的未来趋势，在地理标志计划案例中，这些变量可能是表示营销渠道、生产等的变化。第二种定量预测方法也称为因果方法，因为它依赖于几个变量及其因果关系的使用。应分析与地理标志计划具有因果关系的两个或多个变量的时间序列，以将尽可能多的相关因素纳入预测中。

定性预测技术通常采用专家的判断来形成预测。这里列举3个定性预测方法的例子：

• 德尔菲方法：通过群体的一致意见进行预测。最好是由来自不同背景的专家组成的专家小组按要求回答一系列问卷。第一份调查表之后是第二份调查表，其中包括通过第一份调查表收集的信息和意见。专家们按要求根据新信息重新考虑和修改他们对这些问题的初次答案。这个过程一直持续到达成某种程度的共识。

• 情景发展方法：从对环境变量选择的不同假设开始，这里的环境变量可以是市场趋势、原始投入供应情况、社会政治环境等。对于每一组假设，都会形成一个合理的预期结果情景和（对这个预期情景的）叙述。这些场景没有规定可能会发生什么情况，而是提供了一个背景，可以想象引入地理标志计划的可能结果。对应不同的假设，生成几个有区别的未来场景，评估团队讨论在每种情况下预期的后果。最终目标是鉴别地理标志计划的最佳特征。

• 主观方法：按照主观方法，利益相关者参与预测活动，从而根据感受、想法和个人经历生成预测。这种主观的方法可以采取集思广益的形式，在集思广益中，不同类别的利益相关者将他们对地理标志计划产生的可能结果的印象进行比较。主观方法也可以采取调查的形式。

5.3.2 行为准则规范的预期效果

行为准则的功能

行为准则（CoP）是一份文件，规定了生产商使用地理标志必须遵守的一系列规则。因此，行为准则是地理标志计划的核心。

➲ 插文 49 定义

行为准则内部分化

在某些情况下，地理标志产品有几种版本，例如根据传统方法生产的高质量版本和使用工业方法生产的标准质量版本。在这种情况下，行为准则应允许生产商在总体地理标志中差别对待他们的产品。所有版本都将共享地理标志名称，但有些版本将具有额外的资格（如传统方法）。这可以防止或减少不同类型生产者之间的内部竞争，也允许生产商瞄准利基市场（另见插文 57 的例子）。

要达成关于这些规则的集体协议往往是一项非常难的任务。事实上，对于大多数原产地产品体系来说，参与其中的生产商在从事的价值链环节（农民、加工商、贸易商等）、产量、专业化程度等方面存在很大差异。因此，不同的生产者打算通过地理标志计划追求的目标也迥然不同（见插文 50）。有时，原产地产品的声誉涵盖了产品的各种版本，这些版本的产品在外观、生产方法、质量、成分等方面存在显著差异（见插文 49）。在这种情况下，可能很难区分地理标志是合法使用还是滥用或模仿。虽然这个问题可能没有简单的解决办法，但重要的是要鼓励地方利益相关者在当地资源和当地传统的基础上进行融合和建立共识。

➡ 插文 50 地理标志计划的实施

制定行为准则规则：路易博士茶①（Rooibos）（南非）

关于地理标志"路易博士茶"（灌木茶）保护的辩论表明，谁有权制定地理标志计划的目标并决定行为准则的规则的问题与谁将从地理标志中受益的问题有关。就路易博士茶而言，利益相关者讨论了其首要目标是要保护路易博士茶名称在国际市场上不被滥用，还是要保护高山硬叶灌木群落，即路易博士茶品种的自然生长环境。讨论期间还解决了一些其他问题，即关于地理标志所涵盖的路易博士茶种类的挑选（野生的或栽培的品种），以及允许的栽培和生产实践。

资料来源：Gerz A、Biénabe E，2006。

通常行为准则由外部科学家或技术人员撰写，或由公共机构或专业组别的代表撰写。对于想要使用地理标志的生产商，一旦行为准则成为他们必须强制遵守的规则时，就会产生多重的，有时甚至是相反的影响，而对这些影响，我们没有给予足够的关注。

行为准则包含以下规则：

---

① Rooibos，路易博士茶，属于凡波斯灌木的一种，是一种生长在距南非开普敦北部 200 千米的塞德博格地区和克兰威廉地区的豆科灌木植物，叶片呈针状，也被称为"南非红叶茶"。路易博士茶以温和朴质又不含咖啡因而闻名于世，有"南非的红宝石"的美誉，与南非的黄金、钻石并称为南非三宝。

- 用于标识地理标志产品的名称。
- 必须进行生产的地域范围边界。
- 生产过程和最终产品的关键特征（质量和外观）。

必须对这些规则进行分析，以确定其对不同类型的生产者、整个生产系统和更广泛的地方系统（包括其社会和环境层面）的潜在影响。

选择标识地理标志产品的名称

为原产地产品贴标的名称，通常是产品类别名称与地理名称的组合（如，哥伦比亚咖啡，帕尔玛火腿）。其他名称则不涉及地理区域（如希腊的菲达奶酪）。在大多数情况下，产品名称的确定显而易见——因为该名称在消费者中享有良好声誉，消费者会将其与某种生产传统关联起来。然而，在某些情况下，利益相关方必须从一系列备选名称中谨慎选择（见插文 51）。例如，当多个地方名称及符号、图像同时被使用，且每个名称都针对特定消费群体时，就需要进行选择。举例来说，本国的地方或全国消费者可能会被国内特定地区的名称吸引，但外国消费者或许更青睐知名度更高的地区名称，甚至国家名称。所有潜在名称都应就其可能产生的不同影响进行分析。这种分析可借助第 3 节介绍的影响图谱开展（并非图谱中列出的所有影响都与名称选择相关，需筛选出相关领域）（见插文 52）。

📍 插文 51　评估建议

为原产地产品选择名称

建议选择一个单独的名称来识别原产地产品。作为一项基本原则，该名称应与现实相联系，不应造成混淆或欺骗客户和最终消费者。因此，生产商并非完全可以自由选择地理标志的名称，名称的选择通常应参考地理标志产品生产地区的地理边界定义。

📍 插文 52　方法

IG 名称选择的预期效果

问题/影响领域	选择		
	名称 A	名称 B	名称 C
一阶效果（产出）			
• 生产者的意识和知识			
……			

（续）

问题/影响领域	选择		
	名称 A	名称 B	名称 C
二阶效果（结果）			
• IG 的声誉			
• 消费者对新市场地理标志的了解			
• 滥用/模仿			
• 客户意识			
• 地理标志产品的透明度			
……			
三阶效果（影响）			
与地理标志声誉相关的活动			
• 在交流中使用地理标志的公司			
• 与地理标志相关的博览会和活动			
……			

在某些情况下，地名可能已经（由生产区内外的公司）注册为私人商标，这就迫使利益相关者根据法律规定寻求与标签所有者达成协议、采取法律行动或选择替代名称。

划定生产区域的地理边界

地理标志生产区地理边界的选择至关重要，因为它可能会产生许多影响。地区定界线在可能加入地理标志计划并使用地理标志标签的生产商和不可能加入的生产商之间做出了明确的区分。如果后者想参与地理标志计划并使用地理标志标签，他们就得在划定的区域内购买土地，或者把生产工厂搬迁到划定的区域。

地区划界是一项艰巨的任务，需要特定知识。事实上，根据定义，该地区的特征（地理来源）与其产品的特性密切相关。在设定地理边界时，必须考虑几个因素（见插文 53）。通常需要进行调解，来协调不同利益相关者的立场和需求。

可以仅为生产过程的一个关键步骤（如农业生产阶段）划定地理边界，也可以为其中的几个步骤（如农产品的生产和加工阶段），甚至整个生产过程（包括包装，如橄榄油或葡萄酒的装瓶或腌制火腿的切片）划定地理边界（见插文 54）。可以为不同的生产阶段设置不同的地理边界，例如，加工区域可能比原料生产区域更窄小（如奶酪制作与牛奶生产）。

关于生产过程的哪些环节必须在地理上加以划定的决定，可能会对环节之间的供应流产生影响，从而影响在价值链不同环节运作的行为者之间的权力分配。例如，如果牛奶生产区被划定，奶酪制造商就必须从该地区的农民那里购买牛奶。这可能使牛奶供应量不足，从而导致牛奶价格上涨。相反，如果行为准则规则没有规定奶酪制造商必须在哪里采购新鲜牛奶，那么地理标志计划对当地牛奶生产商的影响就会更加受限。

⊙ 插文 53 方法

划定地理边界的标准和地理划界的潜在影响

标准	基于此标准的决策示例	基于这一标准的地理划界可能产生的影响示例
生态环境	生产区仅限于海拔 1 000 米以上，温度、降水量等生态环境均匀的区域。	• 限制了参与地理标志计划的生产商数量。 • 排除位于界定区域以外的生产商会产生负面的社会和经济影响。 • 该产品具有很强的市场特征且高度的同质化。 • 取得地理标志生产商的价格上涨。 • 参观该地区的游客增加。 • 产量有限，生产商专注于利基市场。 ……
生产技术和实践	区域仅限于传统生产方法的原产地。	• 参与地理标志计划的生产商数量有限。 • 该产品具有很强的市场特征。 • 取得地理标志生产商的价格上涨。 • 参观该地区的游客增加。 • 排除了那些根据相同生产方法进行生产的其他地区的原产地产品生产者。 ……
生产历史	虽然在历史上，生产仅限于一个村庄，但它传播到了地理区域内的邻近村庄。	• 大量生产商可能会参与地理标志计划。 • 市场上该产品的版本过多，削弱了产品的形象与辨识度。 • 地理标志生产商接受更低的价格。 • 产量增加，集体管理和提升的空间更大。 • 地理标志生产商拥有更大的议价能力。 ……
生产环节的区域	对加工处理区域进行了限制，原材料则可从其他地方采购。	• 地理标志计划对当地经济的影响较小。 • 农民受到外部竞争的影响，他们的产出价格较低。 • 产品的特征较弱。 • 一旦获得外部投入，或接入现代的新营销渠道，地理标志产量就可能会增加。 ……

（续）

标准	基于此标准的 决策示例	基于这一标准的地理划界可能产生的影响示例
原产地 产品体系	该区域是根据属 于原产地产品体系 的所有利益相关者 的位置划定的。	• 整个链条上的参与者之间有更好的协调。 • 大量生产商可能会参与地理标志计划。 • 市场上的产品版本太多，这削弱了产品的形象和特征。 • 原产地产品与历史和传统之间的联系被削弱了。 • 参与地理标志计划的企业异质性较高，并且会产生冲突。
现有领 土管辖	该地区是根据现 有的行政边界（如 一个或多个市镇） 划定的。	• 该地区的划定及其行动者的界限都很清楚。 • 地方行政部门更倾向于提供支持。 • 特有资源之间的同质性较低，从而削弱了产品特性。 ……

● 插文 54 运行中的地理标志计划

基于生产流程阶段界定地理边界：意大利瓦尔泰利纳风干牛肉受保护地理标志

瓦尔泰利纳风干牛肉是一种经盐渍、风干的牛肉，以 18 个月至 4 岁龄牛的腿部肉为原料制成。瓦尔泰利纳风干牛肉受保护地理标志的典型产区与伦巴第大区的松德里奥省全境一致。该省包含阿尔卑斯山脉核心地带的两个山谷：瓦尔泰利纳谷和瓦尔基亚文纳谷。根据历史记载和文献传统，前者被视为这一产品的发源地。由于当地用于制作瓦尔泰利纳风干牛肉的原料（牛肉）产量不足，因此仅该产品生产流程中的加工阶段被限定在特定地理区域内。

更多信息请访问：www. bresaoladellavaltellina. it。

一个地理标志产品的生产可能会设置不止一个地理边界，所有这些都有科学依据（见插文 55）。

由于备选区域将产生不同的经济、社会和环境影响（见插文 56），因此评估的下一步需要在利益相关者之间进行调解划定的区域越大，参与地理标志计划和使用地理标志标签的生产商就越多，提供的地理标志产品也就越多。反之亦然。然而，划定的地区宽阔了，其所辖地区的土壤质量、气候等方面就可能存在差异。这些差异可能会影响地理标志产品的质量品质、一致性和特性。对于这种情况，可能的解决方案是界定子区域，生产商可以在标签上注明（见插文 57）。

潜在影响图谱可用于辅助分析，并帮助确定最合适的地理边界。

➡ 插文 55　评估建议

划界的科学性与战略性

地理标志区域地理边界的界定不仅是一个科学问题，也是一个战略问题。边界必须与地理标志计划所追求的总体战略（目标）相一致。例如，如果地理标志计划的目的是通过交流和推广进入大众市场（如超市），那么产量必须很大。因此，地理区域必须很宽。相反，如果一项计划的目的是进入精选的利基市场，那么划定一个非常广泛的生产区域可能是不可取的。

➡ 插文 56　方法

地理边界定义的预期效果：示例

	变量	地理区域规模大	地理区域规模小
一阶效果	注册的生产者数量	多。	少。
	地理标志生产量	千吨以上，存在质量差异。	约 200 吨，质量更均匀。
	地理标志产品市场的地理目标	出口潜力急剧增加。	主要是当地市场。
	地理标志产品的营销渠道	生产者可能供应大超市。	销售面向利基市场、餐馆、当地商店、游客等。
	……	……	……
二阶效果	企业数量及其规模	生产者数量多，主要是较大的加工企业。	只有一些小生产者加入地理标志计划。
	企业之间的合作	更强大的生产者协会，内部竞争激烈。	生产者之间更高的凝聚力和协调性。
	原材料价格。	没有影响。	原材料价格预计将上涨20%。

（续）

	变量	地理区域规模大	地理区域规模小
二阶效果	非地理标志产品的价格。	地理标志生产商收到的非地理标志产品价格有所上涨。	地理标志生产商收到的非地理标志产品价格有所上涨。
	……	……	……
三阶效果	土地价格。	没有显著影响。	土地价格上涨，不过仍有很多可用的土地。
	交流中使用地理标志的企业的数量。	由于地理标志的出口潜力较小，越来越多的企业在交流中使用它。	鉴于当地市场机遇，越来越多的企业在沟通中使用地理标志。
	游客流入。	没有显著影响。	游客流入增加。
	对非地理标志产品的经济影响。	没有重大变化，因为所有原产地产品生产商都加入了该计划。	由于旅游和餐饮活动增加，销售额略有增长。
	贫困农民参与地理标志倡议。	许多贫困农民参与地理标志计划。	一些利益相关者被排除在外。
	用水。	可用水资源的压力很大。	可用水资源方面没有过度压力。
	……	……	……

➡ 插文 57 地理标志计划的实施

生产区域内的分区：佛豆/索拉纳（Fagiolo di Sorana）**受保护地理标志**（意大利）

索拉纳豆产于托斯卡纳区索拉纳地带佩夏村周围的山丘上，因此得名。索拉纳豆是装在玻璃容器中或按重量分装在大小不等的塑料袋里来出售的，出售时一定要密封并贴上标签。受保护地理标志产品的年产量约为 6 吨，

87

主要由约 15 个小型农场生产。该生产区域内的吉雅尔托（Ghiareto），由于其不同的气候条件和土壤，使这里生产的豆子的质量与其他地区有所不同。为了区分豆子的品质，把吉雅尔托划为大生产区域内的一个子区，吉雅尔托子区的农民除了用"索拉纳豆受保护地理标志"的标志外，还可以在标签中加入"吉雅尔托–地区"的标志，以表明他们的豆子质量更高。

意大利托斯卡纳区索拉纳豆生产

资料来源：Belletti G、Marescotti A 和 Brazzini A，2014。

界定产品和加工特征

地理标志产品及其生产过程特征界定的选择，将对以下各方面产生影响，包括：

- 产品的质量和特性，以及与地理来源的联系。规则应反映传统，但也应反映实际生产实践，这可能涉及使用生产成本较低的新技术（见插文 58）。

- 不同类型的生产者对地理标志计划的参与和地理标志标签的使用。地理标志产品可能有许多版本，生产商在管理和技术使用方面可能存在很大差异。因此，有关产品和工艺特征的规则可能有利于某些生产商，同时对其他生产商构成障碍。例如，禁止使用防腐剂或机械化可能有利于小型和手工生产者。同时，如果对技术的使用没有限制，生产商将倾向于使用集约化生产模式。有关技术使用的规则可能会对产品的质量和特性产生重要而直接的影响。

- 创新动力。特别严格的规则可能会阻碍技术创新。关于技术使用的规则可能构成一种保护产品特性及其生产传统的战略；也可能使提高生产效率和降低生产成本变得困难，从而危及产品在市场上的竞争力。

- 环境问题。加工工艺规则可能直接或间接对环境产生影响。一个明显的例子是限制产量，其目的是限制强化技术，防止过度使用化学品（注意产量上限也可能影响最终产品的质量，因为产量和产品质量之间可能存在权衡）。行为准则可能会要求生产商采取某些做法来保护环境（如有机生产方法）。

- 地方特定资源的再生和生物多样性的保护。《行为准则》可能要求生产者使用当地传统的动物品种或植物品种，以便更好地保护这些遗传资源（生物多样性）（见插文 60）。也可能要求生产者采用粗放式养殖（见插文 60）或栽培技术，这可能对环境（如景观）产生积极影响。

- 社会问题。产品或工艺规则可能在创造就业机会、吸纳妇女等方面产生积极影响（见插文 59）。

➜ 插文 58 评估建议

有关产品质量和加工方法的要求

有关产品质量的要求可能涉及：

- 使用特定品质的原材料。
- 产品的物理特性（形状、尺寸等）和外观（新鲜或保存的、包装类型等）。
- 化学添加剂（如防腐剂）的使用。
- 微生物方面（发酵剂的使用、细菌的存在等）。
- 产品的感官方面（味道、质地、颜色、香气等）。

有关加工方法的要求可能涉及：

- 加工技术（温度、时间等）。
- 特定设备的使用。
- 动物产品：繁殖方法、饲养、屠宰年龄等。
- 植物产品：植物品种、收获、储存等。
- 生产过程的社会和环境方面，如工人的权利、化学品的使用或水管理。

➜ 插文 59 地理标志计划的实施

通过行为准则规则增强包容性：卡萨芒斯之果（塞内加尔）

很多当地人会参与到马德果实生产中，尤其是在野外从事采集果实的小生产者。从 5 月到 9 月，当地的男人、女人和年轻人都参与水果的采收。年轻人可能要赚很多钱来支付他们的学费。妇女一般以合作社的形式组织起来参与水果的加工环节。这给他们的家庭提供了一个有吸引力的收入来源。2017 年，粮农组织帮助开展了一项调查，以评估注册卡萨芒斯之果地理标志的可行性。鼓励地方和国家利益相关方合作，共同保护传统的马德果的生产。该项目提倡使用可持续做法，以确保当地资源再生。在关于建立地理标志体系的讨论中，当地利益相关方认识到确保包容性的重要性，提到了不同利益相关方的作用，特别是年轻人在采收和加工环节中的作用。尽管无论在塞内加尔还是其他地区，马德果具有巨大的市场潜力，但由于卡萨芒斯地区森林火灾不断发生，该物种正面临灭绝的风险。

资料来源：Bermond L、Kanoute P T 和 Fournier S，2020。

➡ 插文 60 地理标志计划的实施

通过行为准则规则保护生物多样性：金达猪（Cinta Senese）（意大利）

金达猪是意大利中部托斯卡纳地区的一种当地猪品种。金达猪传统上饲养在户外的树林中，自行采食树林中的橡子和其他自然产物。直到20世纪80年代，由于其生产成本非常高，该品种猪濒临灭绝的风险；多亏了一项对生产者提供激励的计划，它才得以保存下来。当地大学的平行研究发现，金达猪肉具有诱人的营养特征。由此启动了一项提价项目，包括2012年该肉注册受保护原产地名称。受保护原产地名称帮助生产商改善了市场准入，并导致价格上涨。结果，金达猪品种完全恢复，并从欧盟官方濒危品种名单中删除。金达猪肉的行为准则对动物品种数量进行了限制。首先，金达猪可能不会与其他（更高产）品种的猪杂交，这确保了该品种的纯度。其次，屠宰的猪从第4个月起必须在野外或半野外散养，每公顷内金达活猪的保有量不得超过1 500千克。这一要求防止过度放牧对林地造成损害。有关更多信息请参阅 www. cintanesedop. it。

金达猪　　　　　　　　　　　　金达猪肉标识

资料来源：De Roest K、Arfini F、Belletti G 和 Menozzi D，2015。

产品和工艺特性方面的规则通常会影响生产成本，从而影响价格和附加值。这可能会促使某些类型的客户和消费者购买该产品，从而相对于竞争对手来调整地理标志产品的定位。

预期效果分析的所有结果都应有条理地整合在一个表格中，以确保易于达成并理解结果，见插文61。这将使利益相关者能够为第3步做准备，在第3步中将做出最终决定。相关例子见插文62。

🡒 插文 61　方法

工艺和产品特性选择的预期效果：示例

效果发挥 的区域	产品特征		工艺特征	
	只有高品质产品	所有品质产品 （没有子类）	只有传统方法	所有方法
一阶效果（产出）				
用地理标志名称的生产者数量				
地理标志产品产量				
……				
二阶效果（成果）				
地理标志产品的声誉				
消费者对地理标志产品的了解				
滥用/模仿				
消费者意识				
……				
三阶效果（影响）				
与地理标志产品相关的活动				
环境影响				
游客流入				
文化认同				
……				

🡒 插文 62　方法

	规则内容	预期效果		
		一阶效果（产出）	二阶效果（成果）	三阶效果（影响）
名称 • 名称 A • 名称 B				

（续）

	规则内容	预期效果		
		一阶效果（产出）	二阶效果（成果）	三阶效果（影响）
地理标志计划的边界 • 价值链环节 • 仅种植 • 仅加工 • 所有环节 • 地理边界 • 大区域 • 小区域 • 带有子区的大区域 ……				
生产与加工特征 • 原料 • 加工技术 • 手工的 • 工业化的 • 生产特征 • 包装 • 使用本土植物品种 • 使用有机生产方式 • 内部品差异 ……				

5.3.3 运用法律工具保护地理标志标签的预期效果

地理标志标签可以通过不同种类的法律工具进行保护（见插文 63）。应仔细分析各种替代品的预期效果（即成本和效益），适当考虑到生产者管理可追溯性和认证系统相关（可能复杂）的知识和技能。

有待回答的主要问题：

• 是否有规范和管理地理标志的法律框架？
• 法律提供的工具是什么？
• 它们在前提、成本、效果、审查和控制系统方面有什么区别？

➲ 插文63 定义

用于保护地理标志计划及标识的法律工具

保护地理标志计划及标识的法律工具范围广泛，既包括一般性国家法律（如关于规范商业行为以防止不正当竞争或保护消费者的法律），也包括针对地理标志注册与保护的专门法规。将地理标志名称注册为知识产权是最常用的法律工具——它可界定合法使用者范围，并确保地理标志标签得到保护。在国家层面，知识产权保护主要有两种途径：

- 公法途径：由公共权力机构颁布专门用于保护地理标志的法规（即"专门制度"）。这种途径通常意味着地理标志通过获得官方质量认证标识地位（往往配有统一的官方标志）而得到正式认可；政府随后可依职权保护地理标志的使用，即无须受害方介入即可采取行动。
- 私法途径：将地理标志注册为集体商标，并通过商标法进行保护，以防范不正当竞争、仿冒等行为对商标的侵害。

在某些国家，上述两种途径会同时存在。多种类型的知识产权均可用于保护地理标志产品。例如，用于推广地理标志的标志通常注册为图形商标；其他类型的知识产权还包括加工或包装技术专利、工业模型与设计等。

一旦确定了所有可用的法律工具，就必须对它们的主要方面进行对比，插文64对保护地理标志的专门法和私法保护的各个方面进行了对比。

➲ 插文64 范例

比较保护地理标志计划和标签的法律工具：专门法与私法保护

维度	专门法	私法保护（集体商标）
为国内市场提供的法律保护	通常高	较低
注册所需时间	中长期	短期
注册的成本	可变的	可变的
维护的成本	低	中高，取决于国家
执行的成本	一般由国家承担	高等法院费用
行为准则中规则选择的限制	中高	低
对正式控制系统的需求	通常需要	通常不强制
将保护范围扩大到外国市场的可能性	在许多情况下有的（通过国际双边或多边协议）	每个国家都需要新的注册
提供获得具体公共政策措施/援助的机会	在一些国家有的	通常不会
……	……	……

每种法律工具都有其优点和局限性，这些应根据地理标志计划的具体情况和目标进行分析。插文 65 提供了分析案例，重点关注两个主要变量：地理标志的声誉和地理标志产品在产量方面的经济重要性。

➲ 插文 65　范例

具体的地理标志背景及其对法律保护工具选择的影响

声誉	
这个地名享有很高的声誉，该产品被大量仿制和模仿。	法律保护的力度以及能否获得公共权力机构的执法支持是需要考量的重要因素，这也使得专门制度（sui generis system）更具优势。若地理标志产品用于出口，在该制度下，其在海外的保护力度会更强。
地理标志产品在境外没有声誉，也没有受到仿制品的威胁。	在这种情况下，注册流程的速度比保护程度更为关键。因此，采用商标保护途径更为适宜。商标注册过程可为利益相关方提供一个契机，以形成共同愿景并开展联合推广活动。
规模（产量）	
产量有限；生产商很少。	鉴于某些成本，如注册和维护成本是固定的（即它们不取决于产量），那么应优先选择需要较少投资的法律工具。
产量大；生产商很多。	如果法律保护的费用可以由大量生产者分担，并被分散在许多生产单位；那么，可能会使用更昂贵的法律工具。

选择什么样的法律工具，还要看产品和地域之间的关联强度。在许多拥有独特保护制度的国家，地理标志可以注册为受保护的原产地名称（PDO）或受保护的地理标志（PGI）。前一种类型的注册通常要求在产品质量和区域之间建立特别牢固的联系，这种联系必须能够按科学方法用文件证明。PDO 方案通常要求生产过程的所有阶段都在划定的生产区域内进行。

不同法律工具的选择在很大程度上取决于原产地产品（OP）的特征以及现有法律工具的特点，而这些特点在各国之间存在显著差异。政府可制定质量标识来保护地理标志（如受保护原产地名称 PDO），但也可能存在其他集体质量标志，这些标志规定共同规则、建立保障体系，并向消费者传递与特定地域来源相关的特定品质。例如，非政府组织（NGOs）或消费者协会可开发并推广质量标志（慢食协会推广的"慢食卫戍"项目即为典型案例）。这些标志可根据国家知识产权一般法规注册为商标（见插文 66）。

➡ 插文 66 地理标志计划的实施

地理标志工具的多样性：慢食卫戍① （Presidia） 项目

1999 年启动的慢食卫戍项目，旨在鼓励对那些优秀的但产量很小的美食产品进行回收和保存，因为这些产品正受到工业化农业、环境退化和口味单调的威胁。慢食卫戍项目支持面临灭绝风险的优质产品，保护独特的地区和生态系统，恢复传统的加工方法，保护本地品种和当地植物品种。慢食卫戍项目的目的是推动一种替代方式来表达并保证产品的地域来源和传统，此外还有公共机构监管的计划，对小生产者来说这可能太复杂了。慢食卫戍标签不被特定地理标志法承认，而是通常由慢食科学委员会指定。对生产商使用慢食卫戍标签的要求与公共质量计划（如欧盟的受保护原产地名称和受保护地理标志）的要求相似。应生产商的要求，意大利慢食注册了慢食卫戍品牌，以伴随、识别、保护和推广意大利慢食卫戍的产品。注册品牌包括图形标志和生产商必须遵守的准则。截至 2019 年 6 月底，全球共有 576 家慢食卫戍店。欲了解更多信息请访问 www.fondazioneslowfood.com/en - what - we - doy/slow - food - presidia/。

5.3.4 选择检验和认证制度的预期效果

检验和认证系统，或控制系统，是任何地理标志计划的另一个基本支柱。控制系统确保带有地理标志标签的产品符合行为准则中设定的要求。控制系统的选择可能会受到法律保护工具的强烈影响，特别是在特殊法律工具的情况下，因为它们往往需要特定类型的控制系统。

控制系统必须高效、可靠，并可供参与地理标志计划的生产商使用。虽然控制系统构成了消费者对地理标志标签信任的基础，但它们也给生产商带来了技术和管理成本。这些费用既有直接费用（支付给检验机构的费用、化学或感官分析的费用等），也有间接费用（填写文件所需的时间、调整行政程序的费用、培养工人技能的费用等）。它们与行为准则中制定的规则直接相关。例如，行为准则可能要求通过实验室分析来确定最终产品的质量参数。

因此，应仔细评估生产商遵守控制系统要求的能力。建立一个高度正规化和要求苛刻的检查和认证系统可能非常复杂而且花费大，尤其是对于小农户和

---

① 慢食卫戍项目是一个由慢食生物多样性基金会管理的项目，用于拯救濒临灭绝的地方植物和食物、捍卫传统的工艺和技法，现今全世界有超过 400 个项目，参与生产者超过 10 000 个。

加工商来说，他们往往缺乏所需的能力、技能、正式程序和财政资源。

地理标志计划的利益相关者必须决定控制系统的各个方面，包括：

- 所需控制的可靠性及其覆盖范围（如 100％ 的产品或仅一个样本）。
- 在不同类型的生产者（如农民和加工商）之间分担控制成本的标准。
- 认证机构的特征（例如其认可授权）。

这一讨论可能会引发各种问题，包括：

- 应如何构想检验和认证制度？
- 在支持生产者和检查机构方面，生产者组织的作用是什么？
- 进入某些市场（如欧盟的受保护原产地名称/受保护地理标志体系）或营销渠道（如连锁超市）需要什么样的正式控制系统？是否有任何法律规定了特定的检验与认证制度？
- 考虑到一个国家的法律框架，有哪些可用的替代方案？参与式保障制度是否是一种可行的替代办法（见插文 67）？
- 每种选择的利弊是什么？

> ➡ 插文 67　定义

参与式保障体系

参与式保障体系建立在地理标志价值链内外利益相关者（包括消费者）的积极参与基础上。参与式保障制度建立在信任、社会网络和知识交流的基础上，完全可以在小规模农场和当地直接市场的背景下设想。参与式担保系统可由当地利益相关者协会（包括生产商、地方当局和买家）管理，执行其自身的地理标志价值链控制。

5.3.5　撰写报告

在第 2 步结束时，评估小组要编制一份报告，分析地理标志名称选择、产品和工艺规则以及地理标志计划的审查与认证系统的预期影响，该报告的目的是对所收集到的证据材料进行简明扼要的概括总结。报告的表述必须适应其受众，例如农民、加工商、当地居民、当地决策者与国家决策者、科学家等。报告应提供地理标志计划在不同地区可能产生影响的概述，并列出可能采纳的各种选择和替代决定，用以克服问题。应明确分析和说明每一项备选决定的利弊。插文 68 以将特定地区纳入地理标志区的决定为例，提供了一个用于分析地理边界备选决定的模板。

⊃ 插文 68 方法

对地理边界的确定进行分析的介绍模板

示例问题：是否应将 X 区纳入地理标志生产区？

备选决策	潜在影响（示例）		
	经济的	社会的	环境的
是的，X 区应包括在地理标志区域内。	• （＋）X 区是一个很有希望扩大生产的地区。 • （＋）更大的产量，因此有更好的机会渗透市场并进入现代营销渠道。 • （－）增加控制成本。 • （－）产品质量异质性过大，存在风险。 ……	• （＋）将小农户纳入该地区，从而对他们的生活质量产生积极影响。 • （－）生产者对传统生产领域的兴趣较低。 ……	• （－）脆弱地区的环境压力过大。 ……
不，X 区不应包括在地理标志区域内。	• （＋）支持利基战略。 • （＋）更高的质量。 • （＋）产品更均匀。 • （－）产量下降阻碍了进入出口市场。 • （－）产量下降阻碍了产品的推广。 ……	• （＋）将小农户纳入该地区，并对他们的生活质量产生积极影响。 • （＋）更高的社会凝聚力和更强的社会认同感，从而促进参与和集体行动。 • （－）生产者对传统生产领域的兴趣较低。 ……	• （＋）使用更适合环境的当地品种，化学品使用量较低。 ……

评估小组一般也应考虑下面几方面：

• 权衡：这一方面的积极影响可能会给其他方面带来消极影响。例如，允许使用杀虫剂可能会带来更高、更稳定的产量和更好地获得某些营销渠道，但同时可能对环境（水质、生物多样性等）产生负面影响。

• 短期影响与长期影响：有些影响需要时间才能显现出来，而另一些则更直接。例如，划定一个非常广阔的地理区域可能会对产量和当地经济产生直接影响，但从长远来看，可能会导致将划定在区域内的那些相对边缘和不利的区域排挤出去。

• 决策可能对不同类别的利益相关者产生的影响不同。

在下一阶段（第 3 步），在利益相关者的直接而强有力的参与下，分析和讨论与地理标志计划相关的决策的预期效果报告。

5.4 第3步：思考和决策

5.4.1 思考和决策阶段的事务

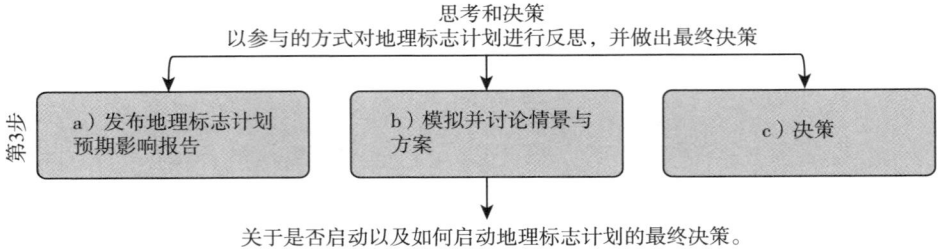

思考和决策
以参与的方式对地理标志计划进行反思，并做出最终决策

第3步

| a）发布地理标志计划预期影响报告 | b）模拟并讨论情景与方案 | c）决策 |

关于是否启动以及如何启动地理标志计划的最终决策。

所有利益相关者都必须参加有关地理标志计划启动、其法律工具和行为准则规则的决策过程，必须充分了解先前步骤的结果。

利益相关者也应积极参与思考和裁决阶段。一些利益相关者可能需要授权。应谨慎选择拟邀请参加这一阶段的利益相关者，同时考虑到：

• 价值链（一个或多个环节）的复杂性以及每个环节内生产者的异质性程度。

• 利益相关者组织的代表性及其最终在场性。

• 限制参与者数量的必要性与该阶段尽可能包容的必要性。

预期评估的最后一步可以根据以下子步骤进行组织：

a）宣传关于预期效果的报告。

b）模拟和讨论相关场景/选项。

c）裁决。

组织这些子步骤应适当考虑原产地产品体系和地理标志计划的复杂性，这还取决于参与的生产者数量、生产者组织的存在、其他利益相关者（地方公共当局、非政府组织、捐助者等）的数量、受计划影响的地理区域的大小及其物流，可用于评估的财力和人力资源等。可以组织一次或多次会议来实施这一最后步骤，可以使用不同的工具来组织参与者之间的讨论。下面将通过案例讨论此类工具。

5.4.2 发布地理标志计划预期效果报告

思考和决策阶段的第一项任务是宣传评价小组做的分析结果。在地理标志计划预期效果报告中对这些分析结果进行简明扼要介绍。这份报告应分发给所有潜在的利益相关者，以使他们充分了解地理标志计划的各个方面及其预期（预期和非预期）效果。提供这些信息是评估和决策的第一步（见插文69）。

➡ 插文 69 评估建议

宣传预期效果报告：提示

- 确定给不同的利益相关者分别发送哪些信息、什么时候发送以及为什么发送（如最新评估情况、会议邀请、中期或最终调查结果）。
- 不仅要让将会参与地理标志计划并使用地理标志标签的生产商参与进来，还要让可能不会参与的生产商也参与进来，以了解原因。
- 选择适当的方法（如面对面会议、电子邮件、书面报告、演示）与利益相关者沟通。

5.4.3 模拟和讨论相关场景/各种选择

在向利益相关者分发报告后，要在利益相关者中详细阐述和讨论相关情景，为最终决策做准备。

首先，为了准备最后的讨论和优化决策，评估小组必须强调最有价值的分析结果，并提出必须深入解决的问题。某些决定似乎比其他决定更有价值。为此，评估小组应制订备选方案，以便进行深入分析和讨论。由于地理标志计划的背景不确定；因此，应该制订描述替代（或补充）计划的多个方案。应考虑涉及相关变量（如原材料的可用性、产品质量、价格、气候条件、初级和次级加工厂等）的可用替代方案（如定义大生产区和小生产区）。这将有助于利益相关者理解变量之间的相互联系，并预见组合选择的可能后果。

利益相关者之间可能存在较高冲突性的关键地方包括：

- 生产区域边界的设置（大、小、分区）。
- 行为准则中包括的生产环节（仅种养、种养和加工，或仅加工）。
- 行为准则中允许的生产方法（仅限传统/手工方法，或包括工业生产方法）。
- 产品质量要求（高或低，质量差异化的可能范围）。

评估小组可以交叉分析关于这些问题的备选方案的预期结果（见插文 70）。

➡ 插文 70 方法

行为准则中关于规则的两种决策场景的交叉分析

		生产方法	
		仅手工制作	手工和工业生产
最低质量水平	高等	• 只有少数生产商愿意/能够参与地理标志计划并使用地理标志标签。	• 所有生产商都可以使用地理标志。

99

（续）

		生产方法	
		仅手工制作	手工和工业生产
最低质量水平	高等	• 不合规成本很高。 • 价格需要定得高一些。 • 地理标志产品面向利基市场。 • 该产品的良好声誉有利于当地的经济、文化、旅游等。 • 对投入者的影响有限。 ……	• 不合规成本很高。 • 地理标志产品面向利基市场。 • 价格需要定得高一些。 • 有更多的资源可用于集体行动。 • 如果在生产方法方面没有内部质量分化或沟通，小型手工生产者可能会被工业生产者挤出。 • 对当地经济的影响很大。 ……
	中低等	• 只有少数生产商愿意/能够参与地理标志计划并使用地理标志标签。 • 地理标志的声誉会随着时间的推移而减弱。 • 手工产品与工业产品相似，因此客户很难区分开来。 • 对旅游活动的影响是有限的。 ……	• 如果没有内部质量差异，只有工业生产的企业才能使用地理标志。 • 对小型手工企业的影响是负面的。 • 地理标志产品适合出口。 • 失去产品特征。 ……

必须在利益相关者中讨论这些方案，比如在不同类别的利益相关者可以表达他们的观点并提出他们关于地理标志计划的建议的工作组中（见插文 71）。

➡ 插文 71　评估建议

组织利益相关者讨论

在选择简单的情况下，利益相关者的讨论可以采取一天会议的形式。如果决策很复杂，可能需要更多的时间。决策的复杂性不仅取决于原产地产品体系的特征（例如，利益相关者众多，在价值链的各个环节地理分布碎片化），此外还取决于行为准则中包含的规则类型。

专门用于思考和决策阶段的时间和资源可能会有所不同。在某些情况下，可以向利益相关者发送问卷，以筹备会议和工作组，并加快这一进程。工作组可以根据将要进行的决策类型，把利益相关者按类型（如不同的专业类别或来自不同地理区域的利益相关者）汇集在一起。所有研讨会的总体结果应在全体会议上提出，全体会议将所有利益相关者聚集在一起，对将要做出的选择做进一步分析。

首先，讨论要集中在最重要的规则上，逐一进行讨论；而且，要对由两个或多个备选方案结合在一起的更复杂的方案投入更多的探讨（见插文 72 和插文 73）。

> **插文 72 地理标志计划的实施**

前瞻性评价的思考和决策阶段：卡萨芒斯之果（塞内加尔）

插文 36 介绍了卡萨芒斯马德果地理标志。在对该地理标志计划进行前瞻性评估期间，制订了不同的方案来分析该计划的潜在影响。这些方案是在汇集当地利益相关者的工作组中提出的。设立的工作组包括所有类型的利益相关者，每个工作组都指派了一名主持人来指导讨论。在回答了每个方案的潜在影响等问题后，参与者必须表达他们的选择。在这一过程结束时，所有工作组都在全体大会上报告了其结论，并就每个评估问题的潜在影响进行综合讨论。与会者特别关注地理区域的划界、产品名称及其质量特征。例如，讨论了关于地理区域划界（以及产品名称）的两种选择，主要生产区济金绍尔（Ziguinchor）行政区和卡萨芒斯大区。最后，选择了第二种选择。下表列出了为工作组会议准备的，并由与会者填写的两个备选方案的矩阵汇总表。

关于划定塞内加尔茜草生产区的备选方案矩阵

	第一选择区域：济金绍尔，名称：济金绍尔之果	第二选择区域：卡萨芒斯，名称：卡萨芒斯之果
面积变量方面： • 生态环境（气候、土壤、植被）。 • 传统知识在该地区的存在。 • 生产历史。 • 社交网络（潜在感兴趣的地方）。 • 利益相关者所在地。 • 该地区的行政区划。		
对相关参与者的影响： • 所涉行为者的数量。 • 有参与兴趣的行为者的数量。 • 位于达喀尔（即生产区外）的加工商。		
对地理标志产品的影响： • 预期产量。 • 预期销售额。 • 预期营销渠道。		

（续）

	第一选择区域：济金绍尔，名称：济金绍尔之果	第二选择区域：卡萨芒斯，名称：卡萨芒斯之果
对行动者集体行动的影响： • 预期产量。 • 预期销售额。 • 预期营销渠道。		
对区域的影响： • 土地价值。 • 游客流入。 • 文化认同。		
对产品声誉的影响：		

资料来源：粮农组织，2018。

➡ 插文 73　地理标志计划的实施

前瞻性评价的思考和决策阶段：乌哈拉什佛手瓜（哥斯达黎加）

插文 28 介绍了"乌哈拉什佛手瓜受保护原产地名称"。乌哈拉什佛手瓜的受保护原产地名称注册流程始于 2014 年，当时佛手瓜生产者协会对该地理标志的影响开展了事前评估，以确定《操作规范》的内容。此次评估遵循本指南提出的方法，由联合国粮农组织及 1 名外部评估员提供支持。首先，对佛手瓜生产体系进行了初步分析，并明确了地理标志计划的目标与范围。随后，组织了一场焦点小组会议，以确定操作规范中需要纳入的各项规则，涉及受保护原产地名称、产区地理边界、生产实践（如所用品种）、产品质量（感官特性）、包装及可追溯性等方面。

针对每类规则都设计了若干问题，以方便参会的利益相关方梳理备选方案及相应的经济、社会与环境影响。多数问题源自当地大学此前开展的研究与技术调研，以确保客观性。在明确备选方案及其影响后，在评估经理（一位被认为独立于各利益相关方群体特定利益的大学教授）的协助下，各方尝试达成共识。下表展示了用于收集信息、呈现结果并系统化决策过程（关于除传统乌哈拉什地区外，哪些产区应纳入受保护原产地名称范围）的输出矩阵，该表是受保护原产地名称申报方案的基础。

显示了关于乌哈拉什佛手瓜生产区地理边界行为准则规则替代方案利弊的矩阵汇总。

问题	备选方案	支持/反对备选方案的因素		
		经济的	社会的	环境的
生产和加工区域的地理边界应该是什么？	包括圣特雷西塔地区。 圣特雷西塔地区约有10公顷正在耕种的土地，其农业生态和产品特征与乌贾拉斯是一样的。			
	包括图里亚尔瓦火山地区。 图里亚尔瓦火山地区的某些社区曾经生产（主要是白色的）佛手瓜。			
	包括卡奇地区。 卡奇的佛手瓜产量很小，不是该地区的传统作物。			
	包括奥罗西地区。 奥罗西目前不生产佛手瓜，不是传统的生产领域。			
协议	保持提议的范围，但不包括奥罗西。说明美斯塔和 Las Joyas 是 DO 领土的一部分（可能属于两个不同的州），不包括图里亚尔瓦火山的圣特雷西塔。图里亚尔瓦火山某些地区是否被纳入地理标志取决于这些地区是否存在生产传统的证据（后来发现该地区没有生产传统，因此将其排除在外）。			

资料来源：粮农组织，2018。

不同类别利益相关者的有效参与对地理标志计划所能达到的效果至关重要（见插文 74），应使用特定方法来实现这一点（见插文 75）。

> ➡ **插文 74 地理标志计划的实施**
>
> **场景练习：杜阿尔特峰（Pico Duarte）咖啡（多米尼加共和国）**
>
> 2007 年，开展了一项旨在把杜阿尔特峰地区（多米尼加共和国）的咖啡作为 DO 来保护的研究，具体来说，研究了利益相关者的参与、可供利益相关者决策的信息以及用于做出应用决策的工具。对当地利益相关者在本地区举行的所有会议进行了分析，以了解集体决策的动力以及这一过程的局限性和最终结果。该研究发现了阻碍不同类型利益相关者参与的一些因素，这些因素可能会严重破坏地理标志计划为当地生产商退出与更公平分配利益所做的努力。
>
> 资料来源：Galtier F、Belletti G 和 Marescotti A，2013。

　　贸易商内部就杜阿尔特峰咖啡的替代性行为准则规则的利弊的工作组套路结果如下（左：关于最终产品质量的规则；右：关于生产区域划界的规则）。

● 插文 75　方法

参与式影响路径分析（PIPA）

　　参与式影响路径分析（PIPA）是一种切实可行的用于规划、监测和评估的方法。它旨在帮助参与项目、计划或组织的人员表达他们的不同看法，即解释他们打算如何实现目标。PIPA 通过帮助管理人员和工作人员正式确定项目的影响途径并监测进展，鼓励反思、学习和调整，从而改进评估。

　　PIPA 以一个参与式研讨会开始，利益相关者在研讨会上表达他们对项目如何实现效果的假设。参与者构建问题树，进行愿景练习，绘制网络地图，帮助他们阐明其影响途径，然后在两个逻辑模型中对其进行阐述：

- 成果逻辑模型以假设的形式描述了项目的中期目标：哪些行为者需要改变，这些改变是什么，以及实现这些改变需要哪些战略。
- 影响逻辑模型描述了通过帮助实现预期结果，项目将如何影响人们的生计。

　　结果是对项目中期目标的描述，预计会发生什么变化，以及实现这些变化需要哪些战略。参与者确定结果目标和重要事情，这些作为项目监测和评估（M&E）的一部分，需要对其进行定期重审和修订。PIPA 吸引利益相关者进入结构化的参与过程，促进学习，并为关于变化进程的行动研究提供框架。有关更多信息请参阅 http：//steps - centre. org/methods/pathways - methods/vignettes/pipa 和 http：//pipamethodology. pbworks. com/w/page/70283575/Home%20Page。

　　资料来源：Douthwaite B、Alvarez S 和 Tehelen K 等，2008。

5.4.4 决策

在对评估报告和所有相关方案进行讨论后，必须就是否以及如何启动地理标志计划做出最终决定（见插文76）。更具体地说，必须决定用作地理标志的名称，写入行为准则的规则，以及控制和认证系统。其中一些决定是由各自（所在）地区提供的特定监管系统驱动的。例如，根据一些法律制度（如欧盟的受保护原产地名称/受保护地理标志计划）申请地理标志的利益相关者必须接受第三方检查机构的检查和认证，他们在控制和认证系统方面别无选择。

> **⊃ 插文 76 评估建议**
>
> **决策**
>
> 做出决策的方式千差万别，这取决于地理标志计划的具体背景。决策过程可以非常简单直接，即通过投票来决定，也可以使用高技术含量的先进方法。在后一种情况下，会考虑更多的数据，决策也更安全。

在这一阶段，评估小组必须编写一份最终报告，其中包含分析结果，以及就行为准则、为保护地理标志而选择的法律工具以及控制和认证系统所做的决定。最终报告还可能包含一项计划，概述所需行动（见插文77）、责任方和时间表：

- 需要采取哪些行动来启动地理标志倡议（尤其是起草行为准则）？
- 谁负责实施这些行动？
- 何时实施决策，以及如何实施？

> **⊃ 插文 77 评估建议**
>
> **帮助生产商遵守行为准则的未来行动**
>
> 在最终决策中必须考虑的一个重要因素是，未来采取集体行动帮助生产商加入地理标志计划（如财政支持、技术援助、营销支持等）的可能性。事实上，即使一些原产地产品生产者因为缺乏遵守行为准则所需的资源或能力而无法立即加入地理标志计划，但他们可能稍后加入该计划。

最后决定应具体情况具体对待，并适当考虑当地的法律框架。

5.5 使前瞻性评估适应现有资源和地理标志计划的特点

如前所述，任何评估工作都应根据需要评论案例的具体情况进行调整，即：

- 原产地产品和地理标志体系的特征，可以根据就生产商/生产商类别和利益相关者的数量而可大可小，在地理上或多或少是复杂和广泛的，在生产过程结构方面或多或少是明确的。
- 地理标志体系与其社会经济和物理环境（如与低收入群体或女工、与当地农业生物多样性和生态系统等）的关系特征。
- 地理标志计划的特点，特别是行为准则中所写规则的复杂性。
- 利益相关者、公共机构、非政府组织和其他支持行为者正在或可能提供的财政和人力资源。

关于如何建立、组织和管理评价过程的任何具体决定都必须基于对这些因素的仔细分析。原产地产品/地理标志体系的特点及其与环境和地理标志计划的关系决定了评估的范围和潜在目标，可用的财政和人力资源界定了评价的界限。

附件2提供了一个小规模地理标志计划前瞻性评估的虚构案例。

6 回顾性评估：地理标志计划的效果如何

本节探讨事后影响，即参与者必须反思地理标志计划在评估所涵盖的各方面所产生的结果，并做出相应的决策以提高地理标记计划的效果。

6.1 回顾性评估的作用和步骤

本节关注的是地理标志计划运行并产生影响的时期。回顾性评估的目的是在同基线情况比较的基础上，描绘和分析该计划产生的各类影响，并做出可供未来修正和支持行动依据的决策。回顾性评估与前瞻性评估在目的和方法上都有所不同。回顾性评估关注的是与产地相关质量良性循环的整体表现，特别是薪酬和再生产阶段。其主要目的是确定地理标志生产中使用的自然资源和人力资源是否以及在多大程度上能得到再生和改善，从而保证地理标志生产系统的长期经济、社会和环境可持续性。

在规划阶段制定的评估问题指导这一过程，并指出了评估小组必须对哪些具体问题进行评估。对原产地产品体系和地理标志计划的前期分析（第 6.2 节）有助于对评估问题进行微调。基于调整后的评估问题，再编制监测问题清单。

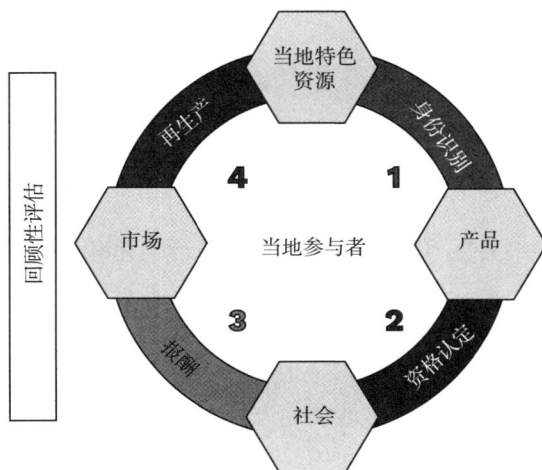

➡ 插文 78　评估建议

管理回顾性评估的各个步骤

　　回顾性评估过程由 3 个主要阶段组成，每个阶段都涉及多个步骤（见图 6-1）。这些步骤不应被视为形式上相互分离的活动，而应视为相互关联逻辑严密的阶段，评估小组必须遵循这些步骤，以确保评估的严谨性。这些切实可行的步骤要在实地采纳执行，因此必须以连贯一致的方式设计和管理，同时应考虑时间的约束以及人力和财力资源的可行性。

　　回顾性评估的一般方法是基于对地理标志计划引起的定性与定量变化的观测和评估，这些变化包括当地生产者（包括参与地理标志计划的和排除在地理标志计划之外的）的变化、发生在整个生产系统以及更广泛的当地区域和社会变化。回顾性评估评估这些变化是否符合利益相关者的期望和地理标志计划的目标。这是通过比较原产地产品体系两个不同时点的状况图景来完成的（历时法）：即地理标志计划刚刚开始（或之前）时记录的基线状况图景与一段时间后记录的终点状况图景，间隔足够长的时间以便地理标志计划产生的影响得以展开（图 6-1）。对原产地产品体系的关注是必要的，因为原产地产品体系是地理标志计划开始、发展和发挥其主要作用的背景。

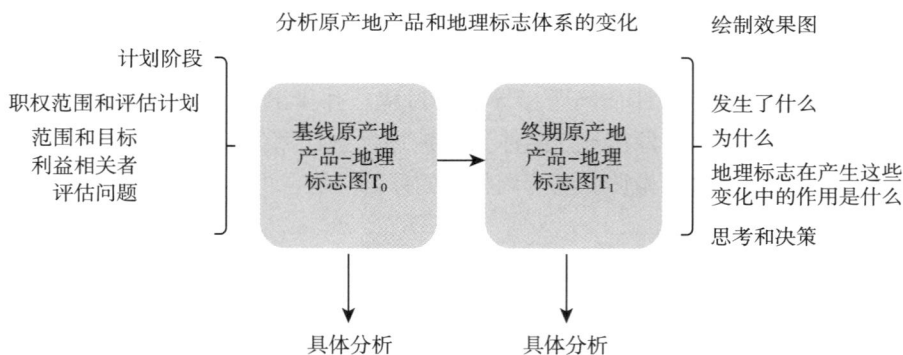

图 6-1　回顾性评估的历时方法

　　必须根据用途对基线和终期的状况景象进行描述和收集，运用定量（如定量数据的统计阐述）和定性（焦点小组，通过里克特量表分析利益相关者满意度等）工具（见插文 79）对收集到的状况景象信息进行分析。然后用指标来组织这些信息数据，这样可以更容易比较基线和终期状况。为了完善这一分析，可以采用同步法将所评估的地理标志计划与其他类似的地理标志计划进行比较。

➡ 插文 79 评估建议

基线的回顾性重建

基线通常是在地理标志计划已经开始并运行时重新构建的。在这种情况下，建议根据过去的数据回顾性地重建基线，或请求原产地产品体系的参与者根据他们的记忆回顾性地重建基线。回顾性评估步骤见图 6 - 2。

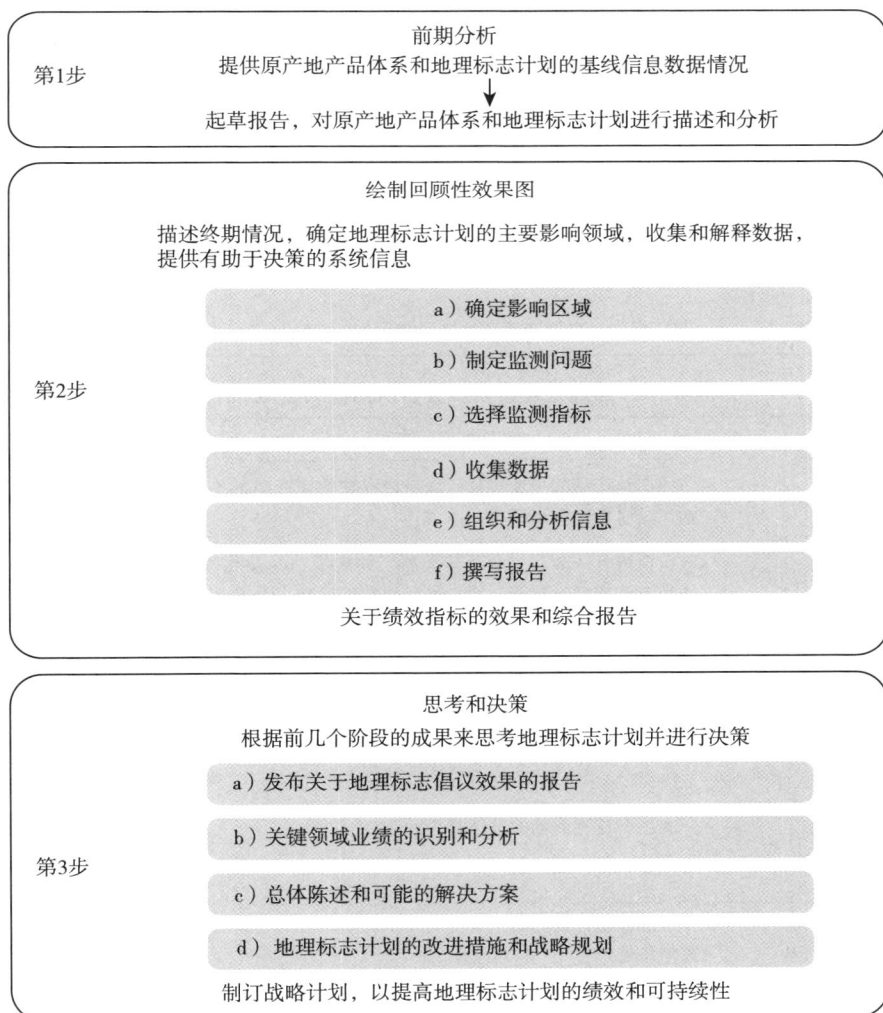

第1步
前期分析
提供原产地产品体系和地理标志计划的基线信息数据情况
↓
起草报告，对原产地产品体系和地理标志计划进行描述和分析

第2步
绘制回顾性效果图
描述终期情况，确定地理标志计划的主要影响领域，收集和解释数据，提供有助于决策的系统信息

a）确定影响区域

b）制定监测问题

c）选择监测指标

d）收集数据

e）组织和分析信息

f）撰写报告

关于绩效指标的效果和综合报告

第3步
思考和决策
根据前几个阶段的成果来思考地理标志计划并进行决策

a）发布关于地理标志倡议效果的报告

b）关键领域业绩的识别和分析

c）总体陈述和可能的解决方案

d）地理标志计划的改进措施和战略规划

制订战略计划，以提高地理标志计划的绩效和可持续性

图 6 - 2 回顾性评估步骤

109

6.2 第1步：原产地产品或原产地相关产品体系及其潜力的前期分析

在第一阶段，评估小组分析原产地产品体系，包括所有生产商（无论他们是否参与地理标志计划）和该地区的其他利益相关者。这一前期分析的重要性是双重的。它让评估小组对地理标志计划的驱动力和相关问题有了大致了解，并提供了地理标志计划启动时的状况图景。可以将此状况图景与地理标志计划后来的情况进行比较，以了解地理标志计划是如何运营的，并回答评估问题。为了全面了解该体系，前期分析不仅应考虑经济问题，还应考虑社会和环境问题。前期分析是评价的基准，分析结果应提供表6-1中列出的这些关于地区的信息。

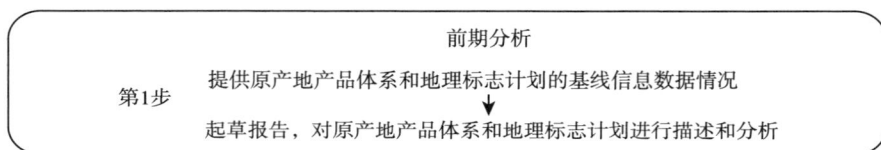

	前期分析
第1步	提供原产地产品体系和地理标志计划的基线信息数据情况
	↓
	起草报告，对原产地产品体系和地理标志计划进行描述和分析

表6-1 回顾性评估初步分析所涵盖的领域和主题

原产地产品体系	
产品	原产地产品的主要特征；区域内存在的该产品的不同类型；关于决定原产地产品身份的突出因素。
价值链结构和演变	价值链各环节；企业及其类型（如规模、专业化程度、营销渠道）；工人的数量和类型；技术（特别是竞争性生产技术及其相关生产成本和由此产生的产品质量特征）；近期改变。
行动者网络	原产地产品体系中参与者网络（企业、公共机构、集体组织等）的识别；价值链不同环节之间和同一环节内部的关系，合作和冲突。
原产地产品体系的社会形象	产品与生计之间、社会与当地文化之间的联系；妇女、青年、土著人、非正规工人、移民在生产系统中的作用。
原产地产品体系的环境形象	受生产过程影响的具体环境问题。
地理标志计划	
地理标志计划简史	地理标志计划的诞生；参与其中的生产者与行动者；地理标志计划建构阶段的争议。
行为准则	行为准则的主要特征；行为准则规则与生产商在该地区对同一类型产品的通常做法之间的差异，以及这些差异的经济影响。
产品质量	不同厂商生产的带地理标志标签产品的质量特征存在不一致，这种不一致给生产商或消费者带来了问题。

（续）

地理标志计划	
保障和认证	溯源和控制系统的特点；生产商遵守行为准则必须要面对的关键点；认证费用；系统的可靠性，确保产品符合准则规定。
集体组织	地理标志计划的组织、管理、决策和运作模式；集体组织的跨专业代表性；集体组织开展的活动。
生产者和地理标志计划	
企业的参与和对地理标志标签的使用	参与地理标志计划并使用地理标志标签的生产者，他们的特征和类型；销售带有地理标志标签产品的市场和营销渠道；包含相同地名的其他私有商标，用作替代名称的其他地名，使用地理标志的相关的冲突。
营销策略	地理标志产品在生产商活动中的位置；使用的营销渠道；服务的市［本地、本地区、本国、外国（由小到大推演）］；品牌战略；价值分布（链的不同环节的价格和附加值、不同环节之间的冲突等）。
农民的参与	不同类型（如小型和大型）农民参与地理标志计划。
市场与消费	
消费特征	地理标志产品购买者的特征；他们使用什么类型的地理标志产品（季节性的、新鲜的、加工过的、作为配料等）；欣赏程度；主要替代品及其与地理标志产品的价格比较。

前期分析可以使用各种来源的信息进行，常常要对案头分析与实地分析做出区分。案头分析依赖于对现有信息和数据的收集和组织，如研究、报告和统计数据。实地分析以生产者和其他利益相关者专门收集的信息和数据为基础，鉴于以合理的成本和在可接受的时间段内收集这些分散的数据是至关重要的，为此可以采用多种收集方法，包括从统计调查到个人访谈和焦点小组。

前期分析阶段提供的是一份原产地产品体系和地理标志计划的描述和分析报告。这份报告是不公开的，只供评估小组内部使用。事实上，评估团队需要的是一个对原产地产品和地理标志体系的基线情况进行完整、清晰、准确和客观的描述，以与终点状况图景进行比较。根据系统的复杂性、要求的准确性和评估的具体目标，报告可能或多或少是结构化的、详细的和有据可查的。

6.3 第 2 步：回顾性绘制地理标志计划的效果

6.3.1 回顾性绘制影响导图的功能与步骤

地理标志计划影响的回顾性导图由基于经验证据来对原产地产品和地理标志体系中所发生事件的表述及其后续解释组成。绘制回顾性评估影响导图的目的是与既定起点（原产地产品体系的参考情况）进行对照，确定地理标志计划所产生的影响。这要求根据表 6－2 中列出的 6 个主要步骤以及以下章节中的描述，对必须开展的活动进行更正式的组织。

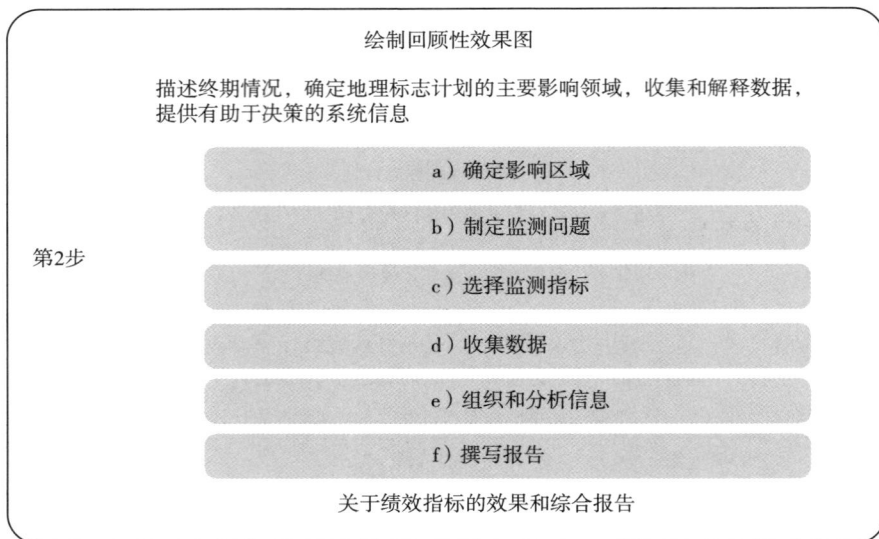

表 6－2　绘制回顾性影响图示的 6 个步骤

a）确定影响区域	影响的相关类别是什么？
b）阐述监测问题	我们想知道什么？
c）选择相关指标	哪些相关指标？ 需要什么数据，从哪里获取这些数据？ 如何进行监测？
d）采集数据	如何收集信息？什么时候收集？
e）组织与分析信息	应该如何组织用来表示现象的数据？如何验证地理标志计划及其效果之间的偶然关系？
f）撰写报告	应如何组织和说明收集的信息，包括横截面（基准等）和时间序列比较（之前/之后）？

出于实际原因，并根据所分析系统的特点（价值链中的环节数量、涉及的生产商数量和生产区域的地理延伸），可能需要利益相关者参与地理标志计划，以确定影响领域、监测问题和选择指标（见插文 80）。这种参与可以采取组织会议的形式，组织由处于价值链不同环节的生产者，以及不同类别利益相关者参加的一次或多次会议，也可以采取访谈或其他互动和反思的形式。

利益相关者可以在数据收集中发挥重要作用，并以低成本提供重要数据。从评估过程开始就让他们参与进来，可能会提高这些数据的可获得性。

> **➡ 插文 80 评估建议**
>
> **让地理标志计划的利益相关者参与回顾性制图**
>
> 当原产地产品和地理标志体系中有许多利益相关者时，或当利益相关者差异很大或分散在较大区域时，让他们参与进来的成本可能很高。在这种情况下，为了降低收集信息的成本，可以确定不同类别利益相关者（如农民和加工商）的代表和不同区域（如低地和山区）的代表。评估小组在挑选这些代表时必须非常谨慎，以确保所有利益相关者的利益都得到适当的代表。

6.3.2 确定影响区域范围

评估小组应绘制评估期间必须分析的相关影响类别导图，即受地理标志计划影响最大的领域（见第 3 章）。该导图的绘制应基于评估问题，根据第 2 章中讨论的一般原则进行，并由不同类别的利益相关者献计献策。评估小组尤其应做到如下方面：

- 从不同的角度评估地理标志计划。如有必要，可将不同类别（如农民）和子类别（如小农户）的利益相关者代表纳入评估小组。
- 不仅要考虑一阶效果，还要考虑二阶和三阶效果。
- 确定分析影响的正确时机。要在方法和一致性与现实之间找到平衡点，尤其是计划启动以来这段时间内现有数据之间的平衡。

  为了得到清晰明了且证据充分的分析，评估小组应该做到：

- 分析地理标志计划发起人最初所表述的目标。在某些情况下，还有确定的具体预期绩效（如涉及的生产商数量或地理标志产品的预期价格上涨）。
- 向利益相关者提供地理标志计划效果类别的总体图（见第 3 章），以激励和促进利益相关者参与到分析中来（见插文 81）。

> **➡ 插文 81 评估建议**
>
> **使用适当的方法让利益相关者参与进来**
>
> 为了确定影响领域，评估小组可以使用各种方法让利益相关者参与进来，并加强互动，如焦点小组和问卷。一般来说，系统的复杂性越高（取决于所涉及的生产商数量、价值链中的环节数量和生产区域的地理延伸范围），需要的会议和访谈就越多。

- 请利益相关者说明哪些类别的影响是最重要的，他们是否能够提供相关的经验证据，以及衡量这些影响的指标。

• 请利益相关者识别原产地产品体系、地理标志计划和特定效果之间的因果关系和传递机制。

因此，评估小组能够确定数据收集和深入分析应聚焦的领域。应基于利益相关方的直接经验，就地理标志计划与各类效果之间的因果关系提出初步假设。需要仔细分析可能存在的因果链，以识别干扰因素——即可能对这些效果产生影响的其他因素（见插文82）。

➡ 插文 82　方法

地理标志计划影响的回顾性导图

效果类别	效果监测	可能的因果链	可能的干扰因素
一阶效果地理标志标签用户的数量	地理标志标签用户的数量占潜在用户总数的百分比较低。	规模较小的农民和加工商发现遵守行为准则规则有难度。直接向消费者销售产品的生产商对地理标志计划不感兴趣。	卫生方面的规定阻碍了地理标志生产商进入正规市场。
二阶效果获得新营销渠道	生产商开始向超市销售地理标志产品。	超市购买者对认证体系充满信心。	非地理标志替代产品的价格上涨有助于促进地理标志产品的销售。
三阶效果划定地理区域内的土地价格	适合种养地理标志产品的土地价格上涨。参与地理标志生产过程的妇女收入增加。存储的当地品种增加。	合适的土地供应有限，对地理标志产品的需求增加导致土地价格上涨。地理标志产品的价格上涨，这对妇女有利，她们在生产过程中发挥着重要作用。行为准则规则要求生产者使用当地品种，因此，这些品种的库存在增长。	该地区其他作物种植的增加导致土地价格上涨。价值链上的价值分配是不公平的，这抑制了对女性生产者收入的影响。生产过程的集约化削弱了当地品种与其区域之间的联系。

6.3.3　编制监测问题

为了分析地理标志计划的效果，必须编制具体的监测问题（见插文83）。

监测问题是对规划阶段制定的评估问题的微调，它们决定了在整个监测过程中将使用哪些指标以及收集什么样的数据。收集的数据如果无助于回答监测问题，就是浪费时间和金钱。监测问题必须寻找具体信息，也应适当考虑地理标志体系和价值链的具体情况。

监测问题的编制应从利益相关方开始。然后，评估小组应完善问题清单，以涵盖不太明显的潜在影响，包括与地理标志计划的社会和环境可持续性相关的影响。

> ### ➲ 插文 83   范例
>
> **监测问题：示例**
> **产量**
> - 地理标志地区的生产总量的演变是什么？
> - 用地理标志标签的产品总量的演变是什么？
> - 多少农产品（原材料）从地理标志标签中受益？
> - 是否有生产商无法获得地理标志标签？
> - 加工商和贸易商/出口商销售的地理标志产品的数量是多少？
> - 当地加工商和贸易商以地理标志形式销售的产品数量是否重要？
> ......
>
> **认证成本**
> - 当地检验机构是否有官方价格表？
> - 访问控制系统是否有成本？
> - 认证是否有固定的年费？
> - 认证成本是由价值链中的所有参与者承担，还是仅由某些生产商/加工商承担？
> - 认证的成本是否因价值链的不同环节而不同？集体组织在这里起什么作用？
> - 参与者平均生产多少认证产品？
> ......

6.3.4   选择相关指标

地理标志计划所产生的影响应根据调查获取的有关现象的定性和定量指标（见插文 84）来评估。

在评估过程中选择适当的指标至关重要，因为它决定所要收集的数据的类型。评估小组也应借鉴国际上现在采用的指标体系（见插文 85），确定那些回答监测问题的指标，并监测这些指标的数据（每个影响领域和每个问题的一个或多个指标）。

➡ 插文 84　评估建议

定性指标和定量指标

指标可以是定量的，也可以是定性的。前者如使用标签的企业数量、销售量和价格上涨幅度；后者如企业的正面或负面反馈、遇到的问题、满意度。

➡ 插文 85　方法

SAFA（粮食和农业可持续性评估）

2013 年，粮农组织发布了 SAFA，即粮食和农业可持续性评估，该框架整合了农业和粮食行业以往制定的多个可持续性目标和标准，形成了一个前后连贯的可持续性框架。该框架围绕 4 个可持续性核心而建构，分别代表了建设可持续食物营养系统的 4 个维度。

- 制度完善：这一核心主要关注决定粮食体系公平性和稳定性的制度化惯例。
- 环境友好：这一核心主要涉及决定产量和产出的自然资源。
- 经济弹性：经济弹性需要农村企业拥有正向现金流，以偿还债务并补偿其产生的任何负外部性，而不会对工人收入或股东利益产生负面影响。
- 社会福利：这一核心主要涉及获得粮食的机会，或人们获得粮食生产或采购所需资源的权利，包括文化多样性（地方性知识和粮食主权）。

可持续性的这 4 个维度对地理标志尤其重要，它分为 21 个主题和 58 个子主题，每一个均有其明确的可持续性目标。通过对可持续性的主要问题的全面解释，SAFA 为粮食和农业部门提供了一个通用的可持续性话语和框架，从而能够以标准化、透明和可比的方式评估系统的可持续性。有关 SAFA 的更多信息请访问 www.fao.org/nr/ sustainability/sustainability – assessments – safa/en/。

最近的一些研究将 SAFA 方法应用于评估地理标志产品的可持续性，并在欧盟地平线 2020 计划资助的研究项目 Strength2Food 的框架内描述了相关公共产品（www.Strength2Food.EU/）。

另见：Arfini F 和 Bellassen V，2019；

　　　Arfini F、Guareschi M 和 Mancini M C，2020。

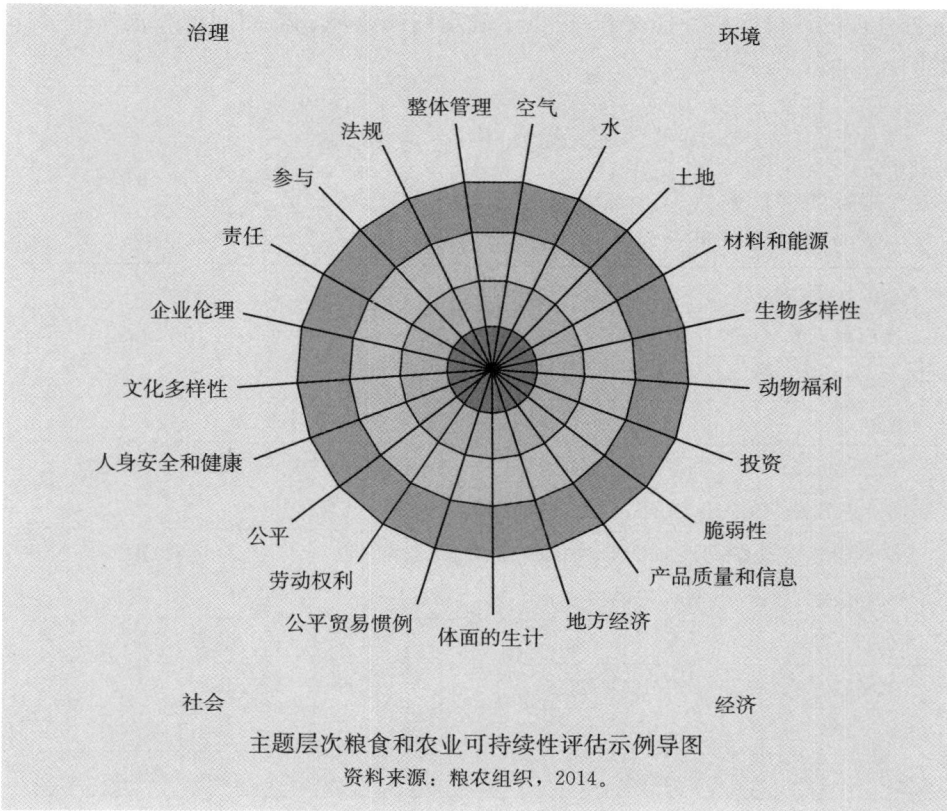

主题层次粮食和农业可持续性评估示例导图
资料来源：粮农组织，2014。

正如关于监测和评估的大量文献所表明的那样，许多方法与指标的选择和使用有关。与选择指标有关的误区包括选择过多的指标或选择模棱两可、不相关或多余的指标。

确定适当的指标是评估取得成功的关键。好的指标具有如下特征：

- 重要性：它们解决了地理标志计划潜在的关键影响。
- 响应性：它们能够对短期和长期观察到的现象做出迅速反应。
- 不冗余：以避免信息重复和不必要的成本。
- 全面性：代表地理标志计划的有形和无形影响。
- 易理解：易于被生产者和其他利益相关方理解和解释（以激励当地利益相关方提供数据并向其提供有用的指示）。
- 标准性：具有参考或基准水平，以便进行对标比较。
- 易测量：有现成数据或以性价比较高的方式收集数据，因此可以定期更新。

评估小组必须仔细考虑评估范围的指标数量与用途，同时考虑到数据的可得性和成本（见第 6.5 节）。插文 86 提供了一个可用来评估指标（见插文 87）

117

是否合理的评价网格,插文 88 提供了确定影响领域、监测问题和选择指标的案例。

➡ 插文 86　方法

指标的评价网格

下面的网格可用于评价作为评估的指标,其是否合适。

指标名称			
主要影响领域			
指标的具体目标			
指标类型	定性的、定量的……		
收集数据的方法	官方统计数据、行政数据、具体调查……		
谁来收集该指标的数据			
是否有参考水平或基准水平可用于比较指标的观测值?	是	否	其他(请标注)
指标和地理标志计划之间的预期因果链是什么?			
数据是否容易得到?	是	否	其他(请标注)
为指标赋值所需的计算是否足够简单?	是	否	其他(请标注)
指标是否客观可靠?	是	否	其他(请标注)
利益相关者是否易于理解该指标?	是	否	其他(请标注)
是否有其他可能的指标来监测同样的现象?	是	否	其他(请标注)
与其他指标相比,该指标有哪些优点/缺点?	优点		缺点
指标之间的联系与关系			
概括说明			

➡ 插文 87　范例

用于监控地理标志产品的产量、销售量和销售额演变的指标

监测产量、销售量和销售额演变的可能指标包括:

Q	生产地理标志标签产品的数量
Q	销售地理标志标签产品的数量
%	各渠道(直接渠道、短渠道和长渠道、传统渠道和现代渠道等)销售地理标志标签产品的数量

（续）

%	各市场（本地、本地区、本国和外国）销售贴地理标志标签产品的数量
Q	销售的无地理标志标签的地理标志产品数量
%	地理标志标签产品的生产量占地理标志标记产品潜在生产量的百分比
%	地理标志标签产品的销售数量占地理标志标签产品潜在销售数量的百分比
$	地理标志标签产品在市场上的销售额
%	按营销渠道类型来看，各渠道（直接渠道、短期和长期渠道、传统和现代渠道等）销售的地理标志标签产品在终端市场上的销售额
%	按地理市场来看，各市场（本地、本地区、本国和外国）地理标志标签产品在最终市场上的销售额
$	注册地理标志（受保护地理标志）生产系统生产的地理标志标签产品的门口销售额（生产者价格）
%	地理标志标签产品（农户门口）在原产地产品（受保护地理标志和非受保护地理标志）总市场价值中的份额
%	地理标志标签产品在最终消费市场中的份额（价值）
	……

➲ 插文 88　地理标志计划的实施

影响领域、监测问题和指标选择：以马卡拉咖啡为例（洪都拉斯）

2005 年，马卡拉咖啡馆（CaféMarcala coffee）成为洪都拉斯第一家注册的地理标志（DO）。该地理标志覆盖的地区包括拉巴斯、科马亚瓜和因蒂布卡在内的 3 个省 19 个市镇的 202 个村庄；该地区的咖啡产量约占洪都拉斯总产量的 13%。该地区崎岖多山，海拔 1 100~2 000 米，约有 15 000 名咖啡种植者（潜在的地理标志用户），其中 90% 以上的种植户拥有的咖啡种植土地面积不足 5 公顷。2 400 多位地理标志用户中，绝大多数农民被划归为一个协会（ADOP-CAM）。地理标志由一个监管委员会管理，这个监管委员会的组成成员中包括生产商和其他当地利益相关者的代表。2018 年，

生产者讨论马卡拉咖啡馆

119

ADOPCAM 对马卡拉咖啡地理标志计划的效果进行了事后评估，以提高该计划的绩效并增强其可持续性。评估是采用本指南初稿，根据现有资源进行调整来推进的。这样就可以对指南的有效性进行评估。评估过程于 2018 年 2 月进行。2018 年 4 月和 5 月，评估小组（由 ADOPCAM 主任和 1 名国际专家组成）对原产地产品体系和地理标志计划进行了初步分析，并确定了评估目标和问题。利益相关方通过与关键行为者面对面访谈、视频会议和最后决定会议等方式参与其中。确定了评估的 2 个具体目标和 5 个评估问题：

目标 1 为评估地理标志向原产地产品提供的法律保护对市场的影响：

• 评估问题 1：评估法律工具在防止盗用名称和假冒伪劣方面所达成的保护。

• 评估问题 2：评估认证和控制系统是否有效地保护了地理标志的声誉。

目标 2 为评估对该地区生产者的附加值和改善生计方面的影响：

• 评估问题 3：评估地理标志的使用水平及其他是否符合利益相关者的需求。

• 评估问题 4：评估地理标志是否有助于为马卡拉咖啡创造附加值。

• 评估问题 5：评估地理标志是否有助于改善当地生产者的生计。

接下来，利益相关者使用本指南的地理标志影响图示作为操练的基础，确定了相关的影响类别，并选择了相应的监测问题和指标。在这一阶段，评价小组与 3 个咖啡合作社的成员举行了会议，并与当地咖啡客户、最重要的马卡拉咖啡生产社区的市长、生产商团体、出口商和欧洲客户进行了访谈。下表以该地理标志计划在创造附加值方面产生的影响（问题 4 及其监测问题和指标）为例，介绍了这些努力的结果。

DO 马卡拉咖啡馆的注册是否有助于增加马卡拉咖啡的价值？	
监测问题	指标
自 DO 注册以来，马卡拉咖啡的出口是否有所增加？	• 按目的地市场计算的马卡拉咖啡出口量 • 按目的地市场计算的马卡拉咖啡出口额 • 按分销渠道计算的马卡拉咖啡出口量 • 按分销渠道计算的马卡拉咖啡出口额
国内和国际市场对马卡拉咖啡馆的兴趣是否有所增长，马卡拉咖啡店的市场份额是否有所增加？	• 马卡拉 DO 咖啡在全国市场上的售价（与非 DO 咖啡相比） • 马卡拉 DO 咖啡在国际市场上的售价（与其他 DO 咖啡相比） • 潜在用户的兴趣水平（定性分析）

（续）

监测问题	指标
哪些类型的利益相关者对 DO 认证感兴趣？	• 注册的马卡拉咖啡馆用户数量（烘焙商、贸易商等） • 各类用户生产数量的演变 • 潜在用户的兴趣水平（定性分析）
认证成本是否会产生负面影响？	• 价值链中不同参与者支付的认证成本 • 认证成本在价值链中不同环节的发生率

资料来源：粮农组织，2018。

6.3.5 收集数据

计算指标值需要数据，这引发了各种各样的问题。在哪里可以找到所需的信息？应该使用哪些工具来收集信息？谁来收集，以及何时收集？

数据收集可能非常复杂，这取决于所选择的指标和所需的精度。通常，拿不到与地理标志体系相关的官方数据，尤其是如果产品没有（完全）通过正式渠道进行营销。现有数据的真实性往往令人怀疑，这意味着必须寻求其他的数据来源。因此，必须专门为评估收集许多数据。例如可由参与地理标志计划的认证机构、生产商团体或跨专业协会等收集数据（见插文 89）。如果能确保数据的可靠性，最好还是使用现有的数据。

➲ 插文 89 范例

使用现有数据进行回顾性评估：意大利农业食品市场服务研究所（ISMEA）和品质生活基金会（QUALIVITA）关于地理标志标签产品的社会经济信息

每年，公布农业市场信息的公共机构 ISMEA 和地理标志产品推广基金会 Qualivita 都会发布一份关于意大利地理标志标签产品的报告。该报告基于向联合会和认证机构发出的定期调查，由提供数据和信息的意大利地理标志联合会与意大利农业部合作编写。该文件主要关注一阶效果，介绍并分析了意大利地理标志产品（认证为受保护原产地名称和受保护地理标志）的社会经济指标。

意大利农业食品市场服务研究所和品质生活基金
会发布的 2018 年意大利地理标志标签产品年度报告

更多信息请访问 https：//www.qualivita.it/pubblicazioni/rapporto -
qualivita - ismea - 2018/ （于 2020 年 6 月 24 日访问）。

如果没有可用的现有数据，就需要选择一种数据收集方法（见插文 90）。对于定性数据的收集，可以采用的手段有很多种，包括对具有代表性的个案进行案例研究法、焦点小组法、直接访谈法、观察法、文本分析（如行政文件、数据库等）。让地理标志生产者参与进来能够以低成本收集到数据，然而，只有当生产者有动力参与评估过程并意识到评估可能带来的好处时，才有可能做到。

要仔细分析不同数据收集工具的优势和劣势。某些数据需要定期调查，如地理标志产品的价格或销售量。其他数据可以每年收集一次，甚至只收集监测期的开始和结束时点的数据。确保收集到高质量的数据，需要对数据收集过程详加规划、组织和管理。

每个指标的数据和信息都要登记和整理，并认真检查其质量。可采取交叉测量的方法，即运用不同来源（如定性和定量）和不同方法（如参与式和非参与式），并对所收集的数据不断进行比较，有助于交叉检查数据，减少偏见，确保信息的可靠性。

➡ 插文 90 方法

影响评估的主要数据收集工具

工具	定义和使用	优势	弱点
案例研究	案例研究允许构建一个描述性或解释性的故事，用以帮助回答如何以及为什么的问题。	• 案例研究可以提供多种类型的证据，如文件、访谈、观察等。 • 如果重点是机构、进程、方案、决定或事件，案例研究可以提供解释。	• 好的案例研究很难实施。 • 案例研究需要专业的研究技能和严谨的写作技巧。 • 案例研究的结果可能无法推广到整体。 • 案例研究非常耗时。 • 案例研究很难重复。

（续）

工具	定义和使用	优势	弱点
焦点小组	焦点小组由熟悉相关问题的目标人群参与讨论。焦点小组的目的是评估受益人对有关评价目标的抽象概念的看法。	• 焦点小组的优势与访谈的优势相似（见下文）。 • 在需要与参与者互动的情况下，焦点小组尤其有用。 • 焦点小组能够区分不同层级的影响。	• 焦点小组可能既昂贵又耗时。 • 焦点小组的结果不能概括推广。
访谈	在访谈过程中，访谈者向一个或多个受访者提问并记录答案。访谈可以是正式的或非正式的，可以是面对面或通过电话进行，使用的问题可以是封闭式的也可以是开放式的。	• 在访谈中，受访者（个人或机构）可以用自己的语言和立场解释自己的经历。 • 访谈是灵活的，允许访问者探寻意料之外的问题，并进行深入调查。 • 访谈尤其适用于预想到语言交流有困难的场景。 • 面试是获得高级官员意见的好方法。	• 访谈很耗时。 • 访谈花费昂贵。 • 访谈人员可能会影响受访者的回答。
观察	观察是在日志或日记中观察和记录事件的结果（谁、什么、何时、何地、如何）。观察可以是直接的（观察者观看和记录），也可以是参与式的（观察人员在一段时间内成为场景的一部分）。	观察提供了关于背景和观察到的变化的描述性信息。	• 数据的质量和有用性在很大程度上取决于观察者的观察技能和写作技能。 • （观察的）发现可能有待解释。 • 很难在短时间内观察到过程的变化。
调查问卷	调查问卷是调查问题的列表清单，其答案可以统一编码。	• 调查问卷使研究人员能够同时接触到大量受访者。 • 调查问卷让受访者在回答问题之前有时间思考。 • 调查问卷可以匿名回答。 • 调查问卷通过向所有受访者提出相同的问题来实现异质性。 • 调查问卷使数据汇编和比较更加容易。	• 回答的质量在很大程度上取决于问题的清晰度。 • 说服人们填写并交回问卷有难度。 • 调查问卷要求预先将机构活动和人们的经历进行分类。

（续）

工具	定义和使用	优势	弱点
文本分析	分析诸如记录、行政数据库、培训材料和信件等文本文件。	• 文本分析有助于确定需要进一步调查的问题。 • 文本分析提供了行动、变化和影响的证据，以支持受访者的看法。 • 文本分析成本很低。	• 文本分析可能很耗时。

资料来源：贝克尔，2000。

6.3.6 组织分析信息

各时期的数据都收集后，评估小组对所收集的信息进行整合，并做初步分析，以便于管理，并供接下来的思考与决策步骤使用。信息的组织和分析主要靠技术素养，如统计能力。这一步骤的目的是呈现有关地理标志计划影响的调查结果，而不是表达价值判断或确定战略或政策的含义。数据整理和分析从对收集到的数据进行验证开始，以确保其质量并避免解释中出现问题；随后是详细统计数据和指标的计算。接下来，评估小组对这些指标进行批判性分析。所有这些活动都必须停留在数据分析和报告的技术层面，而不对地理标志计划的影响进行具有政治性或战略性的评估，应当考虑丧失中立性的风险。

评估小组可以根据收集的数据类型进行3种不同的分析：
• 变化分析可分析单个指标的历时性演变，这需要基线数据和计算指标的时间序列数据。
• 归因分析将观察到的变化与目标、阈值或比较器进行比较（见插文91）。
• 贡献分析证实或否定地理标志计划和测量变化之间的因果关系链。如前几节所强调的，地理标志计划的效应可能取决于内部的驱动力，也可能取决于外部的驱动力。尽管一阶效果可以直接归因于地理标志计划，但二阶和三阶效果与地理标志计划的关系，可能是通过间接因果关系而连接起来的，因此可能受到外部压力的影响。

➡ 插文91 定义

归因分析的目标、阈值和比较

目标是指标的期望值，地理标志计划的利益相关者认为它们是可取的。

阈值是指标的安全水平，通常在环境指标（如水安全）的文献中提供。

比较是在类似地理标志计划的情况下观察到的指标值。

所有这三种分析都必须通过指标的历时性演变，或与比较指标相比的表现，来验证这些变化在多大程度上可直接归因于地理标志计划。换言之，必须利用在个人访谈或小组协商期间收集到的那些专家和当地行为者的建议，仔细核实因果关系的存在性。必须根据利益相关者的经验来解释指标。因此，必须激励利益相关者通过参与性方法参与这一进程。

6.3.7　撰写报告

在最后一步，评估小组提交一份报告，分析地理标志计划的影响，合成绩效指标。报告的目的是以易于理解的方式为下一步行动提供基本信息。报告应按适合其目标受众理解的方式编写，如农民、加工商、当地人、当地以及国家决策者或科学家。

报告风格应平衡以下矛盾需求：一方面保持文本的简单易懂，另一方面提供地理标志计划效应的完整的实事求是的陈述。最后，报告的技术附件可以对方法进行更详细的解释，并提供更多的分析资料。

地理标志计划效应的综合通常构成报告的主要部分，应包含两方面的评估：对所用指标的可靠性的评估，以及对观察到的趋势与地理标志计划之间的因果关系的可靠性进行评估（见插文 92）。

➲ 插文 92　方法

主要影响领域及其相关指标的综合

下表提供了如何评估所用指标的可靠性以及地理标志计划与指标值之间因果关系的程度的示例。

主要领域	指标 （示例）	数据的可靠性	地理标志因果关系的程度
使用地理标志标签的效应			
公司对地理标志标签的兴趣	• 地理标志体系中的企业数量占该地区企业总数的百分比。 • 使用地理标志标签的公司数量占地理标志体系中公司总数的百分比。 ……	评估可靠性水平（如非常差、差、足够、好、非常好），并进行简短解释。	评估因果关系的程度（如非常弱、弱、好、强、非常强），并进行简短解释。
地理标志标签产品的产量与销售量	• 地理标志标签产品的销售量（趋势）。 • 地理标志标签产品的数量占潜在地理标志标签产品总数量的百分比。 ……	……	……

（续）

主要领域	指标 （示例）	数据的可靠性	地理标志因果关系的程度
生产者对地理标志标签的认识和知识	• 了解地理标志标签存在的生产商数量。 ……	……	……
地理标志体系结构的效应			
公司数量与规模	• 进入的新公司数量。 ……	……	……
排除效应	• 使用地理标志标签的公司数量占潜在的使用该标签的公司总数的百分比。 ……	……	……
地理标志体系的组织	• 作为集体机构成员的公司数量。 ……	……	……
协调	• 作为合作社成员企业的数量。 ……	……	……
对地理标志体系经济性能的影响			
价格	• 地理标志标签产品的销售价格。 • 替代产品的销售价格。 ……	……	……
成本	• 遵守规则的成本。 ……	……	……
盈利能力	• 单位地理标志产品利润。 ……	……	……
其他经济效益	• 进入新市场。 • 获得新的营销渠道。 ……	……	……
对市场与消费者的影响			
滥用/仿制	• 滥用/仿制数量。 ……	……	……
消费者意识	• 知道地理标志标签代表什么的消费者数量。 ……	……	……

（续）

主要领域	指标 （示例）	数据的可靠性	地理标志因果 关系的程度
地理标志 标记的产品 质量和特征	• 产品标准化。 • 感知质量。 • ……	……	……
地理标志体系的外部经济效应			
对相关市 场的影响	• 农地的价格。 • ……	……	……
与地理标 志标签产品 相关的经济 活动	• 地理标志地区与地理标志产品相 关的餐厅数量（由地理标志生产 商/其他参与者管理）。 • 地理标志地区与地理标志产品相 关的旅游住宿数量（由地理标志 生产商/其他参与者管理）。 • 参观生产区的游客人数。 • 游客参观生产区的支出。 • ……	……	……
对地区其他资本要素的影响			
生物多样 性（这些影 响因具体情 况而定，因 此必须仔细 检查因果关 系）	• 使用当地植物品种/品种的公司 数量（如行为准则所述）。 • 当地植物品种/品种的扩散趋势。 • ……	……	……
环境（这 些影响因具 体情况而定， 因此必须仔 细检查因果 关系）	• 地理标志公司用水指标。 • 水质指标（如果与地理标志生产 有关）。 • 每公顷杀虫剂/除草剂使用指标。 • 每公顷动物密度指标（过度 放牧）。 • ……	……	……
社会资本	• 在地理标志体系工作的妇女 人数。 • 参与地理标志计划/从中受益的 小农户/贫困农户数量。 • ……	……	……
文化资本	• 与地理标志标签产品相关的文化 活动数量。 • 保护传统景观的指标。 • ……	……	……

可以准备信息摘要表或幻灯片（PPT）演示文稿，以帮助利益相关者了解分析结果。可以使用各种设备和工具将指标和其他相关信息可视化。汇总指标的摘要演示可以直观地显示总体表现的各个维度，并有助于随着时间的推移进行基准分析（见插文93）。

→ **插文 93 范例**

通过雷达可视化方法实现多重效果的图形表示

条形图和饼图等可以简化复杂信息，强调关键点，并将分享、比较与趋势可视化。各种指标可以在图形中可视化，便于对影响效果有总体了解。由于每个指标都有自己的测量尺度（例如，参与地理标志计划的生产商数量或地理标志产品价格），不同的指标必须通过尺度转变技术进行标准化（例如，将指标计算为理论最优值100的百分比），然后才能在单个图中呈现。颜色有助于读者理解不同指标的分析结果的含义。

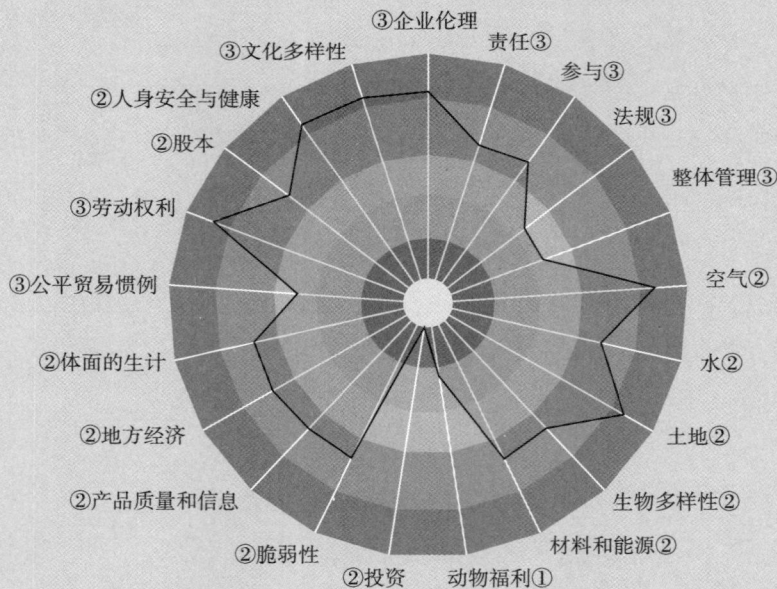

地理标志计划的多重效果可视化雷达图

资料来源：粮农组织，2014。

报告的正式程度（见插文94），主要取决于原产地产品体系和地理标志计划的复杂性（如内部差异）。在参与的生产者和其他利益相关者很少的小社区中，报告可以通过简单的文档和PPT演示来完成。地理标志计划效果的报告和信息摘要表作为下一步决策的主要输入信息。

> **➲ 插文 94 评估建议**
>
> **如何分享地理标志计划效果分析的结果**
> 以下是改进报告和分享结果的一些提示：
> - 确定如何呈现调查结果（如幻灯片演示、视频、书面报告）。
> - 报告评估中出现的所有相关问题。
> - 以满足利益相关者需求的方式分发报告和其他信息。
> - 确保向所有利益相关者提供信息，直至基层。
> - 跟进以确定决策是否基于评估结果。

6.4 第 3 步：思考和决策

6.4.1 思考和决策阶段的作用与策略

地理标志计划的总体性能必须根据收集的数据和指标进行评估。思考和决策阶段包括以下 4 个主要步骤：

a）发布地理标志计划绩效报告。

b）识别适合分析的关键绩效领域。

c）地理标志计划的总体性能与可能的解决方案。

d）纠正措施和战略规划。

评估团队必须为地理标志产品中不同类别利益相关者的期望匹配不同的评估视角。在这一阶段中，参与地理标志计划的利益相关者应成为主角和决策者。这将确保通过个别公司、地理标志协会和公共机构的适当行动来强调分析中提出的议题和问题。

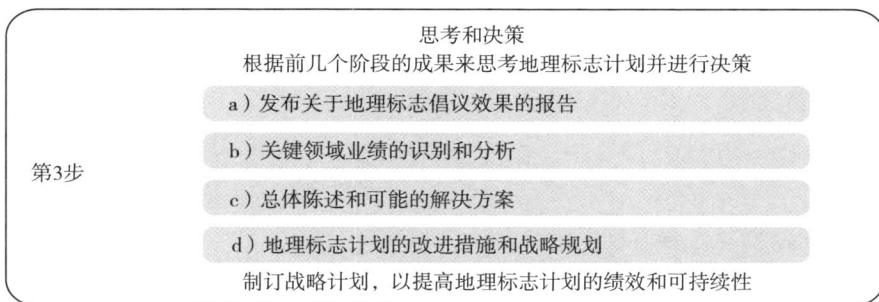

思考和决策
根据前几个阶段的成果来思考地理标志计划并进行决策

第3步

- a）发布关于地理标志倡议效果的报告
- b）关键领域业绩的识别和分析
- c）总体陈述和可能的解决方案
- d）地理标志计划的改进措施和战略规划

制订战略计划，以提高地理标志计划的绩效和可持续性

总而言之，最后的思考和决策阶段的目的是（见插文 95）：

- 鼓励对地理标志计划、地理标志体系中生产商的使用以及地理标志计划程序的管理进行批判性反思。
- 分析地理标志计划所采用的总体战略，并鉴别确保其成功复制或扩散的活动。
- 改进该计划的实施工具，提高其有效性，并裁决如何更好地管理有限的资源。

> ➡ **插文 95　评估建议**
>
> **思考和决策阶段可能提出的问题**
> - 哪类地理标志生产商从地理标志计划中受益更多？地理标志计划对未参与/被排除在外的公司有什么影响？该计划是否对原产地产品体系中的某些生产商产生了负面影响？
> - 地理标志计划的效果是否符合发起人的期望？
> - 利益相关者对所获得的结果的满意度如何？
> - 该计划在各个可持续性领域（经济、社会和环境）的主要收益和成本是什么？
> - 应采取哪些措施来提高地理标志计划的效益并限制其成本（如通过改变行为准则、营销投资、支持被排除在外的生产商的行动等）？
> - 需要采取哪些具体行动来提高计划的绩效？谁应该采取这些行动，何时采取？

确定从评估活动中吸取的经验教训有助于生产系统和公共机构的行为者实施改进。识别所吸取的经验教训对于帮助他人从所经历的问题和成功中获益也至关重要。

利益相关方参与整个思考和决策阶段非常重要（见插文 96）。应鼓励人们参与这一阶段，也应对参与者进行认真挑选，以使他们能够代表所有相关类别和观点。公共行为者（如市或省等地方行政部门、发展机构等）参与评估过程可以确保在分析和决策过程中适当考虑到普遍利益，促进协调各类行为者之间的不同利益。

> ➡ **插文 96　评估建议**
>
> **让利益相关者参与回顾性评估**
> 参与者进入回顾性评估的选择需要仔细进行，并考虑到：

- 价值链的复杂性（由链内环节的数量和每个环节的同质性决定）。
- 利益相关者组织存在的可能性及其代表性。
- 一方面需要平衡对参与人数的实际限制，另一方面需要兼顾包容性。
- 需要核实决定是否是根据评估结果做出的。

　　这一阶段的步骤应主要在工作组中进行，不同类别的利益相关者可以在工作组表达他们的观点，并提出改进地理标志计划效能的建议。这些活动的组织和管理，以及专门用于这些活动的时间和资源，应与地理标志和原产地产品体系的具体情况相适应。在简单的情况下，利益相关者很少，只有价值链中一个相关环节上的利益相关者，这时评估可以集中在数量有限的问题上，思考和决策步骤可以在一天的会议上完成。地理标志体系越复杂的地方需要的时间就越多。为了确保评估的谨慎与公正，评估小组必须使用最适当的工具遵循所有这些逻辑步骤。

6.4.2　发布地理标志计划影响的分析结果

　　评估结果应以客观的方式报告。解释这些调查结果和做出结论可能是很费力的事情；对于如何利用调查结果来确定未来行动，必须考虑到各种意见。

　　合作是计划评估成功的关键。常常是为了积极参与这一进程，某些类别的利益相关者需要获得授权，这种授权是通过评估小组的特定的宣传活动来达成的。这些活动应考虑以下要点：

- 评估小组应认真确定必须与哪些利益相关者进行沟通。
- 这一过程不仅应包括参与地理标志计划的生产商，也应包括未参与的生产商。
- 评估团队必须选择最适当的沟通方式，考虑特定利益相关者的受众及其利益（如面对面会议期间提出、通过带有简短书面报告的电子邮件等）。

6.4.3　实施推进中关键地方的识别与分析

　　识别和分析影响的关键领域可能很困难，因为报告可能会使用与不同评估领域相关的各种指标，而且，参与评估过程的利益相关者的差异可能很大。因此，明智的做法是从简单的评估开始，请各类别的利益相关者表达他们自己对每个指标价值的评估，然后比较和汇总这些不同意见，达成一个地理标志计划效能的全面表述（见插文97）。

➲ 插文97　评估建议

确定性能是否至关重要的标准

根据5个不同标准来确定一个指标是否至关重要：

- 期望标准：将测量的效果与地理标志计划中的利益相关者的期望进行比较。
- 情境化标准：将参与地理标志计划的生产者的处境与同一地区不参与地理标志计划的生产者的处境进行比较，并对地区内外的同一指标的总体趋势进行比较。
- 阈值标准：将效果的测量值与基于科学证据或其他信息得出的参考值进行比较。例如，在一些地区，计算农民收入的参考值；这些可以用作参与地理标志计划的农民收入的阈值。然而，由于这些原产地产品及其生产系统的特殊性，使得该标准的适用性受到限制。
- 演进标准：将测量的效果与地理标志计划开始前的情况进行比较。由于缺乏（地理标志计划开始前的）数据和信息，这一标准通常不适用于这些地理标志。
- 基准标准：将效果的测量值与类似地理标志计划下相似产品的指标值进行比较。这一标准有助于了解其他计划是如何实现高绩效水平的，这一见解可用于提高评估计划的绩效。由于缺乏数据和信息，这一标准通常不适用于地理标志。

　　建议使用尽可能多的标准，以避免误解。

　　对关键绩效领域的分析需要评估小组与利益相关方之间的高度合作，分析结果可以总结在一个基于地理标志计划各目标的指标而规划的表格中（见插文98）。针对单一目标的绩效，可以使用各种指标来衡量。表的最后一列表明了该目标的重要性。对单个或多个目标的各种指标的评估往往会揭示出需要权衡的地方，即地理标志计划改善了地理标志体系的某些方面，但使其他方面变得更糟。这些权衡可能涉及：

- 对不同目标/领域的影响，如经济、社会或环境影响。
- 对不同类别行为者的影响，例如小农户与大农户。
- 短期效果与长期效果。

　　在这一阶段遇到的主要困难之一是如何考虑每个评价领域的不同指标以及如何权衡这些指标。评估小组可以根据利益相关者的意见，考虑不同类别的不同观点，将权重和分数相加。

⮕ 插文98　方法

关键性能鉴定表：调查结果示例

　　下表提供了如何呈现关键绩效的分析结果，其中指标是根据地理标志计划的各种目标组织的。

地理标志计划的目标	指标	性能（测量尺度：非常好、好、坏、非常坏）	解释、评论、小组之间的差异等	关键性程度
确保许多生产商使用地理标志标签	销售的地理标志标签产品数量占总产量的百分比	非常好	由于该地区许多大公司的参与，销售量很高。	非常关键，因为地理标志计划的目标是利用地理标志改善小生产者的市场准入。
	使用标签的农民人数	坏	由于难以遵守正式的可溯规则，许多小农户无法参与地理标志计划。	
	使用标签的加工者数量	坏	由于难以遵守正式的可溯规则，许多小型加工商无法参与地理标志计划。	
	……	……	……	
提高农民的盈利能力	销售价格	好/坏	地理标志标签产品的价格有所上涨，未贴标签的产品价格略有下降。	盈利能力方面的表现，尤其是小农户和加工商的表现，至关重要。
	销售数量	好		
	生产成本	坏	由于行为准则的规定，生产成本有所上升，尤其是对小农户而言。	
	认证成本	坏	由于市场价格的上涨，大农场主被迫加强他们的生产方法。	
保护当地环境	化学品（如杀虫剂）的使用	坏	市场价格的上涨，迫使大农场主强化他们的生产方法。	这一性能非常关键，因为可能与中期的水质影响有关。
	保存当地品种	坏	大农场主被迫放弃当地品种，转而选择现代的、更高产的品种。	这种性能非常关键，因为地理标志产品的特性是基于当地品种的。
……	……	……	……	……

插文 98 说明不同类别的生产者的指标值可能有很大差异。差异的原因需要认真分析，以辨识地理标志生产系统中的潜在赢家和输家。如果不同类别的利益相关者侧重的指标不同，问题就会变得更加复杂。

把地理标志计划的总体性能作为一个整体来评估既不重要也无用。换言之，不同指标适合不同影响领域，如经济（如销售价格上涨）、环境（如农药使用增加，导致生物多样性丧失）和社会（如小农户被排除在外）影响，不应相加。地理标志计划的性能可以用可视化的方式表示（如用红绿灯），这有助于沟通理解（见插文 99）。

> **插文 99　方法**

传达影响结果：红绿灯

评估结果可以总结在矩阵中，运用红绿灯来指示性能的良好和较差。为了给各种性能分配信号灯的颜色，需要对性能进行分级（如高、中、低）；这些量表应与指标范围内的适当间隔相对应。针对每个农场、公司、个人等单独制定分数，然后在集体层面（如相关利益相关者群体）进行汇总（如通过平均）。

信号灯	含义	数值
😊	符合预期	80%～100%
🙂	几乎达到预期	60%～80%
😐	满足预期	40%～60%
🙁	离预期还有较远的距离	20%～40%
☹	未达到预期	0～20%

6.4.4　影响分析结果的解释和全面表述

一旦确定了关键领域，就需要根据对包括地理标志计划在内的地理标志体系的描述和分析报告，检查地理标志计划产生好影响和坏影响背后的深层原因。随着分析从一阶效果转向二阶效果，尤其是三阶效果，地理标志计划与其他因素的相关性可能会降低。事实上，随着关注点从一阶效果转移到三阶效果，地理标志计划和影响之间的因果链变得更加复杂，将地理标志计划的影响与全球市场条件、公共政策的变化等其他压力的影响剥离开来变得越来越困难。利益相关者应共同讨论评估结果，并识别低于或可能低于预期的结果背后的原因。评估小组应为此组织一次或多次会议。会议期间，可能会出现不同的解释，这些解释反映出不同利益相关者群体（如农民与加工商、小农户与大农户）影响的差异（见插文 100）。应集中讨论地理标志计划的实际或潜在参与者提出的关键问题（见插文 101）。

讨论的最终结果可以总结在表格中，如插文 102 中的表格。

➲ 插文 100   评估建议

解读评估结果的提示

- 根据地理标志计划的目标解释评估结果。
- 考虑评估的局限性：
  - 可能的偏差
  - 结果的有效性
  - 结果的可靠性
- 考虑对结果是否有其他解释。
- 考虑结果与类似计划的结果相比如何。
- 考虑结果是否符合预期。如果不是，决定原因是什么。

➲ 插文 101   范例

表现不佳的原因：生产商对地理标志标签的接受度低

价值链中各生产商对地理标志标签的使用率低的原因可能是多种因素造成的，关于地理标志计划影响的报告应提供对这些因素的另外一些解释。可能的解释包括：

- 行为准则的规则过于严格，生产商无法遵守（确定是哪些规则过于严格，或哪些生产商无法遵守）。
- 生产者缺乏必要的营销能力。
- 由于高昂的控制和认证成本，某些生产商使用该标签是无利可图的。
- 买家或消费者对标签不感兴趣或不理解其含义。
  ……

插文 102　方法

对表现差异背后的原因进行分析

地理标志计划的目标	指标	绩效差异的原因和提出的关键问题（重点关注不同的解释）
地理标志标签的大范围使用	地理标志标签产品的销售量占总产量的百分比	行为准则施加的限制（与生产方法的具体规则有关）和地理标志保护系统的本质（需要许多文件、可追溯性等）阻碍了小农户和加工商的参与。
	使用商标的农民数量	
	使用商标的加工者数量	
	……	
农民的盈利能力提高	销售价格	地理标志产品在市场上的升值幅度相当大（尤其是一些营销渠道中的价格有所上涨）。然而，小农户和加工商的盈利能力很弱，因为行为准则规定的某些规则/程序不容易遵守，而且遵守规则的成本很高。小型生产商也缺乏营销技能，这使得他们很难获得为地理标志标签定价的营销渠道。
	销售量	
	生产成本	
	认证成本	
	……	
当地环境得到保护	化学品（如杀虫剂）的使用	大中型生产商对地理标志产品的生产过程进行了现代化和密集化改造，从而对当地环境产生负面影响。他们摒弃当地传统品种，转而选择现代的、更高产、更具抗性的品种。行为准则在这些方面缺乏规则，这使得生产商可以自由调整他们的技术。这也可能使地理标志产品的特定特性在中期内受到影响。
	保护当地生物多样性	
……	……	……

6.4.5　优化地理标志计划的行动和战略规划

　　思考与决策阶段的收尾工作是制订权衡管理方案，也就是要避免产生负面、非预期的影响，并从单个企业及整个体系层面提升地理标志计划的成效。监控与认证体系的薄弱环节、《操作规范》的合规问题，以及抑制生产者参与地理标志计划的市场动态等，都可能削弱计划的有效性。

　　最后一步的目的是结合上一步骤中识别出的绩效差异根源与核心问题，制定可行的纠正措施并构建战略规划，以提高地理标志计划的有效性。纠正措施可在价值链的不同环节及原产地产品良性循环的不同阶段实施。根据所遇问题，可通过以下方式提升计划的有效性：

- 修改操作规范（CoP）的规则（见插文 103）。
- 调整可追溯性与监控体系，以适应消费者和客户的需求。
- 改进沟通、市场营销与推广工作。
- 强化参与地理标志计划的行业间组织，以优化计划成本与收益的横向和/或纵向分配。
- 制定针对农户和其他地理标志使用者的配套政策，降低地理标志标签的使用难度与成本。

> **➲ 插文 103　地理标志计划的实施**
>
> **修订操作规范（CoP）的规则**
>
> 操作规范的规则修订颇为常见。事实上，地理标志计划是动态发展的社会构建，诸多因素会迫使地理标志体系中的参与者调整操作规范规则。这些因素可能来自体系外部（如气候条件变化、技术发展或新实施的公共政策），也可能源于体系内部（如需要更好地确立地理标志产品的市场定位）。由于操作规范在关联地理标志产品特性与特定地方资源方面发挥着重要作用，且对消费者意义重大，其修订流
>
>
>
> 生产商品尝苏尔古尼奶酪
> 以便修改对其感官特征的界定
>
> 程通常由国家主管部门监管。操作规范的修订可能出于不同目的，遵循不同方向与逻辑，以下为具体示例：
>
> **强化地理标志产品的特征**
>
> - 地理标志奶酪的品质取决于诸多因素，包括所用畜禽品种及饲养方式。将产奶畜禽品种限定为本地品种，有助于提升品质并强化地理标志奶酪在市场上的独特性。1996 年注册为受保护原产地名称的法国科西嘉岛软质鲜奶酪"科西嘉布鲁丘"（Brocciu Corse），其操作规范在 2003 年修订后，仅允许使用科西嘉岛本地绵羊与山羊品种的奶。
> - 苏尔古尼奶酪在格鲁吉亚广受欢迎，全国范围内各类乳制品企业（包括采用工业化流程的大型乳制品厂）均有生产。因此，地理标志的关键在于凸显该奶酪的传统品质。为此，操作规范明确了特定工艺，尤其针对关键的揉制环节——要求将奶酪团多次折叠，以确保质地紧实有弹性，且形成可分层的结构。

使地理标志产品适应市场需求

图苏里古达奶酪的生产商考虑到国家食品局
的投入而调整了他们的行为准则

- 托斯卡纳·佩科里诺奶酪（Pecorino Toscano）是意大利中部托斯卡纳地区的一种绵羊奶酪，1996年注册为受保护原产地名称。几个世纪以来，这种奶酪一直采用圆形制作。部分生产者提出希望能生产矩形奶酪，以满足专业用户的需求（如用于制作三明治），因为这样可以减少浪费。2015年，这一修订申请获得批准，但附加了限制条件：为维护奶酪的形象，面向终端消费者销售的奶酪不得采用平行六面体（长方体）形状。

- 图舒里古达奶酪（Tushuri guda）在格鲁吉亚广受欢迎，但由于奶酪在羊皮囊（古达）中成熟时需加盐以确保食品安全，消费者和游客越来越觉得这种奶酪过咸。联合国粮农组织与欧洲复兴开发银行（EBRD）联合开展了一个项目，与国家食品安全机构合作制定并实施食品安全指南，提升了生产者对卫生和动物健康的认知。项目实施后，生产者同意降低操作规范中规定的用盐量。

允许技术创新以降低生产成本

- 法国受保护原产地名称奶酪——瑞布罗申奶酪（Reblochon）的首版操作规范未提及自动挤奶技术，因为制定规范时该技术尚未出现。2000年后，一些生产者开始申请使用挤奶机器人。这一问题争议极大，因为它可能影响奶酪品质。经过技术实验和长期讨论，利益相关方最终决定允许在特定条件下使用挤奶机器人：牛奶的理化特性必须保持不变，每天挤奶两次，且过程必须由技术人员定期监控。2015年，瑞布罗申奶酪的操作规范随之修订。

- 水果行业的品种创新速度很快，新品种不断涌现，不仅产量更高，还能更好地适应现代技术（如适合机械采摘的品种、冷藏保存性更佳的品种）。但在某些情况下，引入新品种可能改变水果的形状、硬度、质地或风味，从而削弱地理标志产品的独特性。因此，平衡创新与传统是一个需要谨慎处理的问题。2012年，意大利维尼奥拉樱桃（Ciliegia di Vignola）（受保护地理标志）的操作规范修订后，品种范围得以扩大。

新引入的品种不仅在生产方面具有优势，而且与原始操作规范中的品种相比，在品质特性（耐储存性、紧实度、光泽度和大小）上大多有所提升。新增品种延长了樱桃的收获和销售期，使维尼奥拉樱桃能在市场上供应更长时间。这些新品种之所以被认可，是因为生产者通过实验和文献证据证明，其生产方法和果实的品质特性将与操作规范保持一致。

公共政策往往是能够帮助强化地理标志计划的关键因素。国家、地区或地方行政部门、地方发展机构或技术咨询机构等公共利益相关方应积极参与评价进程，他们应该确定通过具体行动支持评价的方法。公共行为者支持地理标志计划而采取的干预措施可能涉及多个方面，并利用不同的工具，例如，使获得信贷更容易，建立集体加工设施，改善资源（如水）的获取，或向小农户和加工商提供技术援助。在改进阶段，公共行为者的存在对于促进不同类别的行为者和利益之间的对话，以及找到以公共利益为重点的解决方案至关重要。在制定优化措施时，重要的是要将地理标志计划视为一个整体来考虑，并考虑到其多维特征（对经济、社会和环境可持续性的影响），以捕捉一个领域的修改与其他层面形成的复杂联动。例如，降低行为准则的质量要求使小型生产商更容易参与该计划，可能会导致产品身份的丧失，最终的结果可能是消费者从此再也看不到它的特殊性，并因此降低了支付意愿。同时，生产量的增加可能会抵消改善地理标志生产系统的环境性能的努力。

优化措施可以在短期、中期或长期内的任何一个阶段开展。因而，评估小组应在其计划中加入一定程度的关于未来的不确定性。这使推理回到前瞻性评估，即评估替代行动的未来影响。

应通过制订可能的替代方案来考虑不同目标之间的不确定性和相互作用。这些方案可能会考虑与其他相关约束（如现有的原材料、质量特征、价格、气候条件、初级和次级加工厂等）有关的可替代方案（如扩大或限制生产区域）。这使利益相关者能够理解替代方案的相互关联的后果（见第 6.3 节）。应根据当地的具体情况和法律框架做出最终的决定。

最终报告（即战略计划）（见插文 104）作为战略和行动的建议，承担着提升地理标志计划性能和可持续性的重任。这份最终报告应包含一份计划概述：

- 可能采取的行动（如加大推广力度、改变使用的法律工具、修改行为准则等）。
- 负责实施这些行动的行为者。
- 实施行动的时间表和方法。

→ 插文 104 地理标志计划的实施

改善地理标志计划的战略规划：马卡拉咖啡馆（洪都拉斯）

马卡拉咖啡馆的评估过程（见插文 88）于 2018 年 6 月结束。评估小组邀请监管委员会成员（代表参与地理标志体系的不同类别的利益相关者）参加了为期一天的会议。会议议程如下：

马卡拉咖啡生产者为回顾性评估而工作

- 讨论关于指标的报告。
- 识别关键领域。
- 诊断和解释。
- 行动建议。

会议的目的是明确必要战略和修正措施，主要关注旨在提升对地理标志的保护以及创造和管理 CaféMarcala 咖啡馆经济价值的行动。用红绿灯方法一度确定了关键区域（见插文 99），参与者被分为两组，来诊断和解释地理标志体系的弱点。每个小组侧重于若干具体问题，经过 60 分钟的讨论，每个小组在联席会议上报告结果。其中，确定了 10 个具体目标，4 个与地理标志保护有关，6 个与改善和分配地理标志计划产生的经济价值有关。然后，与会者再次被分为两组，以制定具体的行动计划。每个小组的任务是为每个目标制定一些行动方针，包括负责人、最后期限和评估其影响的指标。为了帮助工作组，评估小组提供了一个表格，其中列出了每个短期目标的信息见下表。

关于回顾性评价的工作组讨论框架：以马卡拉咖啡馆为例

目标	评估问题	短期目标	挑战	行动/指标	负责人	其他参与者	时间框架
提高 DO 咖啡种植者和加工商的附加值。	DO 的使用量增加了吗？	为 DO 的 19 个市镇带来自豪感。	构建一个连贯的故事，以培养消费者的忠诚度和认同感。	制定内部沟通战略，为出口商开发支持材料，并与 IHCAFE 就参加博览会达成协议。	监管机构和理事会。	市政当局、其他地方行动者、烘焙商。	2019

（续）

目标	评估问题	短期目标	挑战	行动/指标	负责人	其他参与者	时间框架
提高 DO 咖啡种植者和加工商的附加值。	DO 是否为产品增加了价值？	产生对马卡拉咖啡馆标签的需求。	……	……	……	……	……
		尝试把马卡拉作为一种原产地咖啡出售。	……	……	……	……	……
		……	……	……	……	……	……
	……	……	……	……	……	……	……

6.5　根据现有资源和地理标志计划的特点调整回顾性评估

如第 2.5 节所述，评估过程必须适应所关注案例的具体情况，即：
- 原产地产品和地理标志体系的内部特征（从地理角度来看，它的复杂和广泛程度；从在生产者和其他利益相关者的数量和类别方面来看，差别是否很大；从生产过程的结构方面来看，是否明确）。
- 每个地理标志体系与其当地社会经济和物质环境之间关系的特征，如地理标志体系与穷人、妇女、当地农业生物多样性和生态系统等之间的关系特征。
- 地理标志计划的特点，特别是写入行为准则的规则的复杂性。
- 可从利益相关者、公共机构、非政府组织和其他支持者那里获取财政和人力资源。

有关如何建立、组织和管理评价过程的具体决定，必须在对上述因素仔细分析的基础上制定。前 3 类因素确定了评估的范围和潜在目标，第 4 类确定了其局限性。

附件 3 提供了一个小规模地理标志计划进行回顾性评估的虚构案例。

7 结　论

本节介绍关于地理标志计划评估的主要结论。

地理标志计划评估是为保护原产地产品、提高其定价做出的一份努力。

前瞻性评估应在地理标志计划启动之前进行，它有助于生产者和其他利益相关者决定是否启动一项计划，以满足预期、最大化利益，并防止以可能存在缺点的方式构建计划。前瞻性评估通盘考虑大量的影响，涉及所有对该计划可能感兴趣，或者直接或间接受到该计划影响的受益人和利益相关者。

一旦地理标志计划启动，即运用回顾性评估对该计划最初陈述目标方面的有效性进行评估。回顾性评估也考虑不期望和意料之外的影响，以便利益相关者能够确定可能需要改进的地方。

评估工作有利于向利益相关者通报地理标志计划的特点和结果，并让他们参与到计划中来。评估工作应让尽可能多的利益相关者积极参与，他们可以从一开始就学习、讨论并为计划的成功作出贡献。参与度和包容性是确保地理标志计划面向更广泛目标，而不是只盯着生产者的经济效益的关键。

可持续性是评估的首要原则。事实上，所有评估过程都应适当考虑社会和环境问题，以使原产地相关质量的良性循环能够充分发挥作用。可持续性不仅仅是道德问题；从长远来看，用于生产地理标志产品的资源的再生和提升是系统长期韧性的基础。

评估是复杂的过程，这可能会占用大量时间，并需要大量的财力资源。所有利益相关者必须根据发起人的目标，在评估其成本和效益的基础上，讨论并商定进行深入全面评估的决定。我们希望这些指导方针能够帮助到正在考虑制订地理标志计划的生产者们，使他们能做出正确的决定。

REFERENCES ▎参考文献▎

Arfini, F. & Bellassen, V. , eds. 2019. *Sustainability of European food quality schemes. Multi-performance, structure and governance of PDO, PGI and organic agrifood systems.* New York, Springer International Publishing.

Arfini, F. , Guareschi M. & Mancini M. C. 2020. *Increasing the GIs sustainability through public goods: Strategic Guide on Sustainable FQS*, Deliverable 10. 3, available on: https://www. strength2food. eu/.

Baker, J. L. 2000. *Evaluating the impact of development projects on poverty. A handbook for practitioners.* Washington, DC, The World Bank. (also available at https://open-knowledge. worldbank. org/handle/10986/13949).

Barjolle, D. & Philippe, J. 2012. Raising rivals' costs strategy and localised agro–food systems in Europe. *International Journal of Food System Dynamics*, 3 (1): 11–21.

Belletti, G. & Marescotti, A. 1998. The reorganization of trade channels of a typical product: the Tuscan extra–virgin olive–oil. In F. Arfini & C. Mora, eds. *Typical and traditional products: rural effect and agro–industrial problems*, pp. 271–285. Proceedings of the 52nd Seminar of the European Association of Agricultural Economists, 19—21 June 1997, Parma, Italy. Parma, Italy, University of Parma.

Belletti, G. , Marescotti, A. & Brazzini, A. 2014. Collective rules and the use of protected geographical indications by firms. *International Agricultural Policy*, 1: 11–20.

Bermond, L. , Kanoute, P. T. & Fournier, S. 2020. *Étude ex ante de la création d'une indication géographique sur le madd (Saba senegalensis) dans la région naturelle de Casamance au Sénégal.* Rome, FAO. (also available atwww. fao. org/3/ca8373fr/CA8373FR. pdf).

Canadian International Development Agency. 2011. *How to perform evaluations. Participatory evaluations.* Gatineau, Canada. (also available at www. oecd. org/derec/canada/35135226. pdf).

Defrancesco, E. & Kimura, J. 2018. Are geographical indications (GIs) effective value–adding tools for traditional food? Insights from the new–born Japanese GIs System. In J. Deiters, U. Rickert & G. Schiefer, eds. *Proceedings in System Dynamics and Innovation in Food Networks* 2018. Proceedings of the 12th International European Forum on System Dynamics and Innovation in Food Networks, Innsbruck, Austria, 5—9 February 2018. Bonn, Germany. (also available athttps://pdfs. semanticscholar. org/fdee/19bdec357f40f7bf79459c2ff9af60ccc373. pdf).

De Roest, K., Arfini, F., Belletti, G. & Menozzi, D. 2015. Assessing economic sustainability in local and global value chains: a comparison in the cured ham sector. Paper presented at the conference "Innovation, productivity and growth: towards sustainable agrifood production", 11—12 June 2015, Ancona, Italy, AIEAA.

De Roest, K., Pignedoli, S., Belletti, G., Menozzi, D. & Arfini, F. 2014. WP 3 —*Italian case study: local and global cured ham chains*. *GLAMUR project (Task* 3.5). Reggio Emilia, Italy, Centro Ricerche Produzioni Animali (CRPA).

Douthwaite, B., Alvarez, S., Tehelen, K., Cordoba, D., Thiele, G. & Mackay, R. 2008. Participatory impact pathway analysis: a practical method for project planning and evaluation. In R. S. Bayot & E. Humphreys, eds. *Fighting poverty through sustainable water use*, pp. 381 – 386. Proceedings of the CGIAR Challenge Program on Water and Food 2nd International Forum on Water and Food, Vol. 4, Addis Ababa, Ethiopia, 10—14 November 2008. Colombo, Sri Lanka, CGIAR Challenge Program on Water and Food. (also available athttps://cgspace. cgiar. org/bitstream/handle/10568/33649/11. 5%20Participatory%20impact%20pathway% 20analysis. pdf? sequence=1).

FAO. 2009. *Indigenous peoples' food systems: the many dimensions of culture, diversity and environment for nutrition and health*. Rome. 381 pp. (also available at www. fao. org/ 3/i0370e/i0370e. pdf).

FAO. 2010. *Monitoring and evaluation toolkit for Junior Farmer Field and Life Schools*. Rome. 54 pp. (also available atwww. fao. org/3/i1489e/i1489e00. pdf).

FAO. 2014. *SAFA guidelines. Version* 3.0. Rome. 268 pp. (also available at www. fao. org/3/ a – i3957e. pdf).

FAO. 2014. SAFA. *Sustainability Assessment of Food and Agriculture Systems. User Manual Version* 2.2.40. Rome. 30 pp. (also available at www. fao. org/3/a – i4113e. pdf).

FAO. 2017. The State of Food and Agriculture. *Leveraging food systems for inclusive rural transformation*. Rome. 181 pp. (also available at www. fao. org/state – of – food – agriculture/2017/en/).

FAO. 2018. Report on the testing of the guide "Evaluating Geographical Indications. A guide for the design and implementation of evaluations aimed at launching or improving GI initiatives" in Costa Rica. FAO internal document. Rome.

FAO. 2018. Report on the testing of the guide "Evaluating Geographical Indications. A guide for the design and implementation of evaluations aimed at launching or improving GI initiatives" in Senegal. FAO internal document. Rome.

FAO. 2018. Report on the testing of the guide "Evaluating Geographical Indications. A guide for the design and implementation of evaluations aimed at launching or improving GI initiatives" in Honduras (Marcala). FAO internal document. Rome.

FAO. 2019. Transforming food and agriculture to achieve the Sustainable Development Goals. In: *FAO Stories* [online]. Rome. [Cited 20 April 2019]. www. fao. org/fao – stories/article/en/c/1184363.

FAO & European Bank for Reconstruction and Development (EBRD). 2017—2019. Internal reports on the project "Support to sustainable value chains through the development of geographical indications in the dairy sector" in Georgia. FAO – EBRD internal reports. Rome，FAO and London，EBRD.

FAO & European Bank for Reconstruction and Development (EBRD). 2018. Internal report on the marketing simulation carried out in the framework of the project "Development of origin – based food quality labels in the Bursa region". FAO – EBRD internal reports. Rome，FAO and London，EBRD.

FAO & European Bank for Reconstruction and Development (EBRD). 2018. *Linking agriculture and tourism in Montenegro：Gap analysis*. Rome，FAO and London，EBRD. (also available from http：//www. eastagri. org/docs/group/504/gap％20final _ . pdf).

FAO & European Bank for Reconstruction and Development (EBRD). 2018. *Strengthening sustainable food system through geographical indications；an analysis of their economic impacts*. Rome，FAO. 158 pp. (also available atwww. fao. org/3/I8737EN/i8737en. pdf).

FAO, IFAD, UNICEF, WFP & WHO. 2019. *The State of Food Security and Nutrition in the World 2019. Safeguarding against economic slowdowns and downturns*. Rome，FAO. 239 pp. (also available at www. fao. org/3/ca5162en/ca5162en. pdf).

FAO, IFAD, UNICEF, WFP and WHO. 2020. *The State of Food Security and Nutrition in the World 2020. Transforming food systems for affordable healthy diets*. Rome，FAO. (also available at https：//doi. org/10. 4060/ca9692en).

FAO & SINER – GI. 2009. *Linking people，places and products. A guide for promoting quality linked to geographical origin and sustainable geographical indications*. Rome，FAO. 28 pp. (also available at www. fao. org/3/i1760e/i1760e00. pdf).

FAO & World Health Organization (WHO). 2014. *Second International Conference on Nutrition. Rome，19—21 November 2014. Conference Outcome Document：Rome Declaration on Nutrition*. Rome，FAO. 6 pp. (also available atwww. fao. org/3/a – ml542e. pdf).

Galtier, F.，Belletti G. & Marescotti, A. 2013. Factors constraining building effective and fair geographical indications for coffee. Insights from a Dominican case study. *Development Policy Review*，31 (5)：597 – 615.

Gerz, A.，& Biénabe, E. 2006. Rooibos tea，South Africa：the challenge of an export boom. In P. Van de Kop，D. Sautier & A. Gerz，eds. *Origin – based products. Lessons for pro – poor market development*，pp. 53 – 63. Amsterdam，Royal Tropical Institute (KIT).

High Level Panel of Experts on Food Security and Nutrition (HLPE). 2017. *Nutrition and food systems*. Rome，FAO. (also available at www. fao. org/3/a – i7846e. pdf).

Jena, P. R. & Grote, U. 2012. Impact evaluation of traditional Basmati rice cultivation in Uttarakhand State of northern India：what implications does it hold for geographical indications? *World Development*，40 (9)：1895 – 1907.

Udruženje Proizvođača Kolašinskog Lisnatog Sira. 2019. *Kolašinski Lisnati Sir. Oznaka Porijekla. Specifikacija proizvoda.* [**Association of Kolašin Leaf Cheese Producers.** 2019. *Kolašinski leaf cheese. Designation of Origin. Product Specification*].

Montel, M. C. , Buchin, S. , Mallet, A. , Delbes‑Puas, C. , Vuitton, D. A. , Desmasures, N. & Berthier, F. 2014. Traditional cheeses: rich and diverse microbiota with associated benefits. *International Journal of Food Microbiology*, 177: 136‑154.

Organisation for Economic Co‑operation and Development (OECD). s. d. DAC Glossary of Key Terms and Concepts. In: *Development Co‑operation Directorate* [online]. Paris. [Cited 16 June 2018]. www. oecd. org/dac/dac‑glossary. htm♯Evaluation.

Quétier, F. , Marty, P. & Lepart, J. 2005. Farmers' management strategies and land use in an agropastoral landscape: the Roquefort cheese production rules as a driver of change. *Agricultural Systems*, 84 (2): 171‑193.

Schmitt, E. , Tanquerey‑Cado, A. , Cravero, V. , Gratteau, L. , Le Goff, U. & Barjolle, D. 2015. Comparison of local and global cheese value chains in Switzerland. GLAMUR project (Task 3. 5). Forschungsinstitut für Biologischen Landbau (FiBL), Frick, Switzerland.

Zarinpoush, F. 2006. *Project evaluation guide for nonprofit organizations: fundamental methods and steps for conducting project evaluation.* Toronto, Canada, Image Canada. (also available at http: //sectorsource. ca/sites/default/files/resources/files/projectguide_ final. pdf).

SUGGESTED READINGS ┃推荐阅读材料┃

Augustin‑Jean, L. , Ilbert, H. & Saavedra‑Rivano, N. , eds. 2012. *Geographical indications and international agricultural trade. The challenge for Asia*. New York, Palgrave MacMillan.

Barham, E. 2003. Translating terroir: the global challenge of French AOC labelling. *Journal of Rural Studies*, 19 (1): 127‑b138.

Barham, E. & Sylvander, B. , eds. 2011. *Labels of origin for food. Local development, global recognition*. Wallingford, United Kingdom, Commonwealth Agricultural Bureaux International (CABI).

Barjolle, D. & Vandecandelaere, E. 2012. *Identification of origin‑linked products and their potential for development. A methodology for participatory inventories*. Rome, FAO. 56 pp. (also available at http: //www. fao. org/3/a‑au686e. pdf.

Belletti, G. & Marescotti A. 2011. Evaluating the effects of protecting geographical indications: scientific context and case studies. In G. Belletti, A. Deppeler, A. Marescotti, M. Paus, S. Réviron, H. Stamm & E. Thévenod‑Mottet, eds. *The effects of protecting geographical indications. Ways and means of their evaluation*, pp. 31—121. Bern, Switzerland, Swiss Federal Institute of Intellectual Property. (also available at https: // flore. unifi. it/retrieve/handle/2158/606197/18700/Belletti‑Marescotti‑%20et%20al%20‑%20Effects‑of‑Protecting‑Geographical‑Indications. pdf).

Bérard, L. & Marchenay, P. 2004. *Les produits de terroir entre cultures et règlements*. Paris, CNRS Éditions.

Blakeney, M. , Coulet, T. , Mengistie, G. & Tonye Mahop, M. , eds. 2012. *Extending the protection of geographical indications. Case studies of agricultural products in Africa*. New York, Routledge.

Biénabe, E. & Marie‑Vivien, D. 2017. Institutionalizing geographical indications in southern countries: lessons learned from basmati and rooibos. *World Development*, 98: 58‑67.

Giovannucci, D. , Josling, T. , Kerr, W. , O'Connor, B. & Yeung, M. T. 2009. *Guide to geographical indications. Linking products and their origin*. Geneva, International Trade Centre (ITC). (also available at www. origin‑gi. com/images/stories/PDFs/English/E‑Library/geographical _ indications. pdf).

Larson, J. 2007. *Relevance of geographical indications and designations of origin for the* *sustainable use of genetic resources*. Rome，Global Facilitation Unit for Underutilized Species. （also available at www. bioversityinternational. org/fileadmin/ _ migrated/uploads/ tx _ news/Relevance _ of _ geographical _ indications _ and _ designations _ of _ origin _ for _ the _ sustainable _ use _ of _ genetic _ resources _ 1263. pdf）.

Moity Maizi, P. , de Sainte Marie, C. , Geslin, P. , Muchnik, J. & Sautier, D. , eds. 2001. *Systèmesagroalimentaires localisés. Terroirs，savoir - faire，innovations.* Paris，Institut National de la Recherche gronomique （INRA）.

Riccheri, M. , Görlach, B. , Schlegel, S. , Keefe, H. & Leipprand, A. 2007. *Workpackage 3. Assessing the applicability of geographical indications as a means to improve environmental quality in affected ecosystems and the competitiveness of agricultural products. Final report.* Investisseurs & Partenaires （also available at https：//ideas. repec. org/p/ ess/wpaper/id847. html）.

Van Caenegem, W. & Cleary, J. , eds. 2017. *The importance of place：geographical indications as a tool for local and regional development.* New York，Springer.

基线： 一个明确界定的起点（出发点），即开始实施的地方；基线用于比较（例如比较评估改进情况）。

行为准则： 通过描述产品及其生产过程（包括加工、包装、标签等）来刻画地理标志产品相对其地理来源的特定属性的文件。使用地理标志的任何一方都必须满足行为准则中规定的要求，这是地理标志价值链中利益相关者达成的共识。

跨专业/跨分支机构组织： 将来自同一价值链的上下游生产商聚集在一起的组织。跨专业协会使生产者能够分享职能和资源，并向其成员提供服务（如集体营销举措、培训、提供信贷、集体包装等）。跨专业组织根据国家法律规定，可以采取各种法律形式（包括伙伴关系、财团和协会）。跨专业组织在地理标志计划中发挥着重要作用，他们研制计划（包括地理标志标签）并加以实施。

地理标志： 世界贸易组织《与贸易有关的知识产权协定》（1994 年）第22.1 条规定：

地理标志……指明某一商品来源于某一成员国领土，或该领土上的某一地区或地方，而该商品的质量、声誉或其他特征基本上可归因于其地理起源（《建立世界贸易组织的马拉喀什协议》，世界贸易组织，1994 年，第 328 页）。

所有世贸组织成员方都必须订立保护地理标志的基本条款。地理标志根据产品的原产地及其与特定产品特征或声誉的联系来区分产品。地理标志可以采取不同形式进行合法注册，例如，原产地称号（AO），也称为原产地名称（DO）、受保护原产地名称（PDO）、受控制原产地名称（AOC）、受保护地理标志（PGI），具体取决于各国界定的类别；地理标志注册后便可以强制推行。

《与贸易有关的知识产权协定》没有规定保护地理标志的任何具体法律制度，而是将这项任务留给了其成员国。如果某成员国已经确立了正式注册程序来确认其领土内的地理标志，那么经此程序注册的产品便可被称为受保护的地理标志。然而，除非该名称或产品被视为通用名称或产品，否则地理标志也可能在没有法律保护的情况下存在，在某些情况下，集体商标或认证商标是对地理标志最有效的法律保护。

地理标志产品：用地理名称识别的产品。

地理标志体系：一个包括所有拥有原产地产品并参与地理标志计划的所有利益相关者的体系。它包括地理标志计划中的生产者和其他利益相关者。

标签制度：集体标签制度的基础是一套共同规则（行为准则）和控制检查制度，其目的是确保产品符合针对消费者的共同规则。标签制度可以是受保护原产地名称、受保护地理标志、集体地理商标，等等。

地理标志计划：由当地生产者团体实施的一项计划，旨在通过定义产品的通用名称（地理标志）、制定一套基本规则、建立控制和保证体系来监管和定价原产地产品。

治理结构：此概念指的是一个复杂的系统，包括机制、过程、关系和机构，个人和团体通过该系统阐明自己的利益，行使自己的权利和义务，并调解他们之间的分歧。

原产地产品或与原产地相关的产品：一种产品，其独特品质主要归因于其地理来源。由于其产地独特的气候条件、土壤特征、当地植物种类或品种、地方知识、历史或文化习俗以及与某些产品生产加工相关的传统知识，所有这些元素相互作用构成的所谓风土，赋予了这里生产的产品特有品质，使其不同于同一类别的其他产品。

原产地产品体系：一个包括所有为原产地产品的生产和定价有所贡献的利益相关者的体系。因此，原产地产品体系包括原产地产品生产者（农民、加工商和在价值链中运营的其他企业）和直接或间接参与价值链的其他利益相关者，包括但不限于公共当局、非政府组织、研究机构和推广服务（机构或公司）。

机会成本：从资产的替代使用中获得的回报。就地理标志计划而言，指的是如果把地理标志计划中使用的资源投资于其他经济活动，生产者取得的收益。

生产者：生产者包括农民、加工商和其他参与价值链的企业。

利益相关者（或参与者）：在原产地相关产品的价值创造过程中，与该过程的结果有直接或间接利害关系的任何个人、团体或组织，只要他们可以影响结果或受到其结果的影响。当地生产者及其协会、参与价值链的公司（加工商、分销商、供应商等）、消费者、政府和参与地理标志体系的任何机构都是利益相关者。

价值链：所有农场和公司及其连接协作的增值活动，包括生产特定农业原材料，将其转化为特定食品出售给最终消费者，并对使用后的废弃物进行处理等各环节。

附件1　评估指南与工具包

　　一些指南提供了实用的评估工具。它们指的部门和活动与本指南中的讨论有很大差异。以下是在线免费提供的一些示例：

Austrian Development Agency. 2009. *Guidelines for project and programme evaluations. Final draft.* Vienna. （also available at www. oecd. org/development/evaluation/dcdndep/47069197. pdf）.

Estrella, M. & Gaventa, J. 1998. *Who counts reality? Participatory monitoring and evaluation：a literature review.* IDS Working Paper 70. Falmer，United Kingdom，Institute for Development Studies（IDS）. （also available at https：//opendocs. ids. ac. uk/opendocs/ bitstream/handle/123456789/3388/Wp70. pdf? sequence＝1）.

Hobson, K. , Mayne, R. & Hamilton, J. 2013. *A step by step guide to monitoring and evaluation.* Oxford，United Kingdom，University of Oxford. （also available at https：//transitionnetwork. org/wp‐content/ uploads/2016/09/Monitoring‐and‐evaluation‐guide. pdf）.

Hughes, J. & Nieuwenhuis, L. 2005. *A project manager's guide to evaluation.* Evaluate Europe Handbook Series Volume 1. Bremen，Germany，Institut Technik und Bildung. （also available at www. pontydysgu. org/wp‐content/uploads/2008/02/EvaluateEurope‐Volume1final. pdf）.

International Fund for Agriculture and Development（IFAD）. 2002. *Managing for impact in rural development. A guide for project monitoring and evaluation.* Rome. （also available at www. ifad. org/ documents/38714182/39723123/toc. pdf/e7c718e2‐56b9‐4f60‐b404‐3f31448a38a2）.

International Federation of Red Cross and Red Crescent Societies. 2011. *Project/programme monitoring and evaluation（M&E）guide.* Geneva. （also available at www. ifrc. org/Global/ Publications/ monitoring/IFRC‐ME‐Guide‐8‐2011. pdf）.

Zarinpoush, F. 2006. *Project evaluation guide for nonprofit organizations：fundamental methods and steps for conducting project evaluation.* Toronto，Canada，Image Canada. （also available at http：// sectorsource. ca/sites/default/files/resources/files/projectguide _ final. pdf）.

一些网站提供有用的在线评估工具箱，例如：

Evaluation Toolbox：http：//evaluationtoolbox. net. au/.

BetterEvaluation：www. betterevaluation. org.

Strength2Food：www. strength2food. eu（see "Resources"）.

附件 2 小规模地理标志计划前瞻性评估的虚构示例：樱桃镇樱桃的地理标志

樱桃是樱桃镇上的小村庄周围丘陵地区的一种传统作物。许多本土樱桃树品种凸显出了樱桃镇樱桃与其本地土壤和气候特色相关的特性和声誉。

该地区的樱桃生产受到了始于 20 世纪 70 年代的一场广泛农业危机的影响。与附近的平原地区，特别是附近正在经历工业化的地区相比，农业生产成本高，这导致农民数量和产量下降。虽然樱桃镇地区几乎所有的农场都栽种了一些樱桃树，但只有少数是专业生产商，专业果园更是少见。大多数农民只是兼职农；对他们来说，农业是第二收入来源，次于工业或服务业工作以及养老金等收入。然而，当地消费者对樱桃镇的樱桃有强烈的偏好，且这种偏好不受来自其他更强生产地区竞争的影响。从 2000 年起，一些地方利益相关者（农民、地方公共机构、商会和研究机构）对提高樱桃镇樱桃在市场上的价值和形象、促进农村发展的举措表现出越来越浓厚的兴趣。为此，当地樱桃生产商协会组织了一系列成员会议，讨论是否启动以及如何启动地理标志计划，将樱桃镇樱桃注册为受保护原产地名称。尽管可用于评估的资源有限，但由于生产者数量少，地理和社会位置接近，对产品及其市场有着深刻的了解，因此可以简化预期评估过程。

下文列出了在前瞻性评估过程中开展的活动，并对这次活动中做出的主要决定进行了总结。

1. 决策阶段

该计划的发起人，樱桃镇樱桃生产者协会，邀请当地所有农民参加 2018 年 12 月举行的第一次会议，这次会议之后进行了一些会谈。初次会议的总时长达 3 小时。

第 1 步：理解地理标志计划

在第一次会议上，发起人对樱桃镇樱桃的生产和市场状况进行了分析。他们提出了启动地理标志计划的可能性，与当地大学的研究人员合作，对其潜在影响进行了首次评估。对原产地产品和地理标志体系的以下特征达成了一致意见：

- 大多数生产者管理小型农场，使用随机营销渠道和直销方式销售产品。只有少数专业农民生产者，可在当地批发市场上销售其产品。只有合作社可以将产品卖给超市。
- 该产品的销售不存在真正的问题。到目前为止，还没有实施任何旨在提升产品形象的集体营销举措。市场上只有少数几个模仿或盗用这个名字的案例。
- 生产过程相对简单，农民之间共享知识，他们使用传统的种植技术。生产区域可识别。
- 该产品的真正附加值是使用仅在这一小块地区种植的本地樱桃树品种；然而，这些品种中的许多品种由于其易腐性和个头小，因而不能适应现代市场。
- 地理标志计划可以帮助生产者更好地营销其产品，向消费者传达产品的特殊品质，并强调本土品种的重要性，以回应消费者对生物多样性丧失日益增长的担忧。一项成功的地理标志计划可能会吸引新的生产者来到该地区，并刺激旅游业发展。

第 2 步：利益相关者参与

在 2019 年 2 月举行的第二次会议上，发起人向利益相关者通报了正在进行的评估及其目标，并邀请他们参与评估问题的界定。参与评估过程的利益相关者包括农民、市政当局，以及当地旅游部门和环境协会的小范围代表。要求当地所有农民都参加会议，并通知他们要做贡献，即提供所需信息，并就是否建立以及如何建立地理标志计划进行辩论和决定。农民参加会议是通过电话非正式邀请的。

第 3 步：定义地理标志倡议的目标、目的和范围

在第二次会议期间，发起人决定加入评估过程，以决定是否启动地理标志计划（目标），并评估该计划对以下方面的潜在影响（目标）：

- 生产者的收入和该地区的经济；
- 生物多样性（保护传统的本土樱桃树品种）；
- 游客的流入和对该地区其他经济活动的影响。

评估将只关注樱桃镇的农民（范围）。

第 4 步：提供财力资源

在 2019 年 3 月举行的第三次会议上，发起人向利益相关者通报了在当地大学帮助下进行直接调查的决定，并成立了评估小组。

发起人和负责评估的行为人一致认为，评估应使用当地大学研究人员对农民样本进行的直接调查以及对贸易商和批发商进行的访谈作为工具。这一决定基于这样的考虑，即评估过程的财力资源有限，而且已经掌握了有关原产地产品体系和农民特征的知识。此外，市政当局承诺为直接调研支付所需的费用和在管理阶段组织会议提供财政支持。

第 5 步：撰写职权范围

起草了一份简短的文件，报告所做的主要决定。

第 6 步：创建评估小组

在第三次会议上，发起人同意成立评估小组，由生产者协会主任、当地大学的一名研究人员和一名市政府的代表组成。任命生产者协会主任为评估经理。

第 7 步：微调评估问题

在第三次会议上，讨论并商定了评估的具体目标。与会者一致同意将重点放在经济效益和市场准入上，并特别关注保护当地的生物多样性。

第 8 步：撰写评估计划

经理写了一份信息表，明确评估的具体目的，并提出相关的评估问题。

2. 管理阶段

第一阶段：初步分析

a）原产地产品的特点和潜力以及原产地产品体系分析。

评估小组根据当地大学以前的研究收集了有关原产地产品和原产地产品体系的信息。2019 年 4 月，研究人员直接对所抽取的农民、批发商和贸易商样本进行了采访；这些采访证实了该产品的良好声誉和潜力，以及与该地区的联系。当地樱桃树品种的存在以及消费者对当地市场上原产地产品的了解和欣赏表明，地理标志计划有很大的潜力。

调查结果显示，地理标志在市场上的使用非常普遍，居住在附近地区的消费者准备为樱桃镇樱桃支付溢价。原产地产品是当地居民的重要资产，因为它是樱桃镇集市和文化活动的枢纽。

尽管有这些积极因素，但调查也显示，当地樱桃生产受到农村地区人口减少和年轻人缺乏愿意从事农业工作的威胁。另外，发现气候变化严重影响樱桃生产的数量和质量，在某些情况下甚至影响樱桃树的生存。

b）原产地产品潜力的 SWOT 分析。

评估小组根据收集到的信息进行了 SWOT 分析。

第二阶段：对效果进行绘制与评估

2019 年 5 月，评估小组根据对农民的采访，就产品营销所需的生产流程和质量要求，编制了行为准则的初稿。

a）行为准则规则的预期效果。

155

评估小组根据潜在影响图讨论了行为准则规则的预期影响。原产地产品的名称选择很简单，直接用了产地名，因为只有一个名称用于营销该产品。同样，设定地理边界也很容易，因为所有樱桃农场都位于樱桃镇的地理边界内，附近地区没有其他农场生产樱桃。不同农场的种植技术也是相同的，至于生产过程，涉及的主要选择是实施（或不实施）综合虫害管理和手工采摘（没有任何机械化操作的采收）。

关于质量的主要决定涉及果实的最小尺寸。通过定性分析对这些替代方案的预期效果进行了评估。比如，实施综合虫害管理的可能结果之一是，许多使用传统种植技术的小型农场可能被排除在地理标志体系之外，至少在一开始是这样。随着时间的推移，技术援助可以解决这个问题。由于受到更适合现代营销渠道的新品种的竞争威胁，需要特别关注当地樱桃树品种的使用。樱桃镇没有一家生产商种植传统品种和新品种两个类别的，大多数人首选传统品种。评估小组讨论了在行为准则中特别提及的传统品种的选项（行为准则中的内部分化）。这将抵消它们绝种的风险，特别是当地理标志计划能够成功利用现代营销渠道的情况下。

b）法律工具类型的预期效果。

c）检测和认证系统类型的预期效果。

就保护地理标志的法律工具的选择，评估小组讨论了两种替代方案：一方面，有可能根据欧盟法规申请受保护的原产地名称；另一方面，地理标志计划可用集体地理商标作基础。评估小组讨论了这两种方案的优缺点。还讨论了选择检测和认证制度的影响。请注意，第三方检查和认证是受保护的原产地名称的强制性要求。

在第二阶段结束时，评估小组编写了一份关于地理标志计划预期效果的报告。本报告简要分析了名称选择、行为准则规则以及检测和认证系统的预期效果。

第三阶段：思考和决策

2019年7月，组织了由农民和其他利益相关者参加的会议，为期1天，讨论第二阶段的结果并做出最终决定。

a）发布关于地理标志计划预期效果的报告。

评估经理首先介绍了原产地产品体系和原产地产品特征的分析结果，然后介绍了带有各种备选项的决策的行为准则草案。

b）情景和选项的模拟和讨论。

第一次讨论的是法律工具的选择（受保护的原产地名称与集体地理商标）。所有利益相关者都同意使用受保护的原产地名称，因为它具有更严格的控制、更强的声誉，因而能更好地进入市场。全体会议进行了进一步的讨论。利益相关者就地理标志体系的地理边界达成一致；他们还同意不强制采用有机生产方法。一些利益相关者不同意只允许使用本地樱桃树品种的提议。因此，决定在行为准则中特别提及本地品种。

　　c）决策。

　　评估小组就所做的决定写了一份简短的报告。发起人根据这些决定编写了行为准则，并申请了受保护原产地名称。

附件3 小规模地理标志计划回顾性评估的虚构示例：法焦洛豆的地理标志

法焦洛是一个边缘农村地区的小村庄，它有生产当地各种豆类的悠久传统。根据欧盟地理标志规则（2005年，理事会第2081/1992号条例），法焦洛豆于2005年注册为受保护地理标志。地理标志计划是由一小簇豆类生产者发起的，他们成立了一个协会，以保护地理标志产品的名称免受不公平的模仿，而且还发起了一系列其他计划来支持当地生产商。当地市政当局和省级行政当局也加入其中并支持地理标志计划，因为他们认识到地理标志计划可以为人口减少地区的经济和社会振兴做出贡献。根据法焦洛豆的行为准则，新鲜豆和干豆都可以带有地理标志标签。生产过程简单且全部是手工，行为准则划定的面积非常小（约650公顷），该地区的生产者数量很低（规模不超过30人的或非常小型的生产者），豆类种植面积约为7公顷。

省行政部门的一名官员（主管农业）和生产者协会的一名代表作为评估进程的发起人。可用于评价的财政资源有限，生产者协会不得不自己出资，当地省级行政部门也提供少量捐款资助。法焦洛豆案例是一个有趣的案例，是在一个非常简单的地理标志中如何使用本指南提出的方法的案例。事实上，该方法灵活有弹性，能够在无损其准确性与严谨性的条件下，很容易运用在具体案例中。

下文介绍了在评价过程的不同步骤中做出的主要决定和开展的活动。

1. 计划阶段

计划发起人在2016年10月举行了第一次会议，会上决定了启动阶段的第一步，这次会议之后进行了一些会谈。初次会议的总时长为3小时。

第1步：理解地理标志计划

在第一次会议（2016年10月）上，发起人（省级行政部门和生产者协会的代表）分享了他们对地理标志计划及其效果的认识和看法，并在原产地产品和地理标志体系的以下特征上达成了统一意见：

- 生产过程相对简单，栽培和去烘干环节通常由同一生产商进行。
- 行为准则中划定的区域相当小，它包括具有不同小气候和不同土壤的低洼地和高地。
- 年总产量约为6吨。运用同样的传统生产技术，由于场地的平均尺度大小非常有限，因此不存在规模经济。

　　根据这些信息，决定将低洼地和高地这两个子区的农民、地方公共当局和（在较小程度上）其他活动部门（餐馆、住宿加早餐和农场住宿）的代表等利益相关者纳入评估过程。

第2步：利益相关者参与

　　发起人组织了一次会议，该地区的所有生产者和其他感兴趣的人均可参加，在这次会上，向与会者介绍正在进行的评估，并鼓励他们积极参与接下来的评估工作。向当地利益相关者通报了评估的总体目标、主要步骤以及他们将可能做出的贡献。建立了一个Facebook页面，以促进利益相关者的参与，并让每个人都能了解最新进展。

　　在2016年11月举行的会议上，发起人向利益相关者通报了正在进行的评估及其目标和资源，会后，发起人起草了职权范围。

第3步：界定评估的目标、目的和范围

　　同一次会议上，在听取了利益相关者的意见后，发起人商定了以下目标：

- 评估地理标志计划对生产商的经济状况的影响，对生产区当地经济的影响。
- 评估地理标志举措在吸引新的、年轻的生产者和企业家（在农业和其他经济活动中）方面的有效性。

　　评估的范围不仅包括参与地理标志计划的生产者，也包括尚未参与的生产者，以了解他们不参与的动机，评估他们是否受到任何负面影响，并确定如何让他们参与计划。

第4步：提供财力资源

　　发起人于2016年11月的同一天举行了第二次会议。可用作评价的预算有限，且没有人力资源。因此，各方同意将评估管理工作交给一所大学，并提供少量预算。发起人还同意为参与评估工作的研究生提供两项资助，以使其获得收集和处理数据的特定技能。

第5步：编写职权范围

　　在第二次会议结束时，发起人按照第4.2节提供的大纲编写了职权范围。

第6步：创建评估小组

　　在第三次会议上，发起人同意成立一个评估小组，由生产者协会的两名代表、当地大学的两名专家（一名经济学家和一名社会科学家）以及省、市、当地商会和法焦洛村居民协会各一名代表组成。当地大学的一位教授被选为评估

工作的负责人。

第 7 步：微调评估问题

第三次会议商定了评价的具体目标。对于每个目标都会写一张卡片，定义具体目的和相关的评估问题。

第 8 步：撰写评估计划

在第三次会议的第二部分，与会者商定了评估计划的主要内容。会后，评估负责人将卡片和评估计划的草稿发送给评估小组的所有成员。评估计划作为评估管理阶段的指导方针。

2. 管理阶段

第一阶段：前期分析

前期分析由评估小组承担，于 2016 年 12 月和 2017 年 1 月进行。评估小组决定将 2004 年作为分析的基准。然而，收集到 2004 年的信息很难。只有该协会提供的文件以及对当地利益相关者的采访中包含了一些相关信息。评估小组对选取的农民和贸易商样本的直接采访提供了有关原产地产品、其生产者、地理标志计划和市场趋势的一些关键问题的信息。评估负责人起草了一份 3 页的文件，概括总结了这些信息。

第二阶段：对效果进行回顾性绘制

a）确定效果区域。

b）制定监测问题。

c）选择相关指标。

2017 年 2 月，评估小组在法焦洛组织了一次会议。邀请了所有利益相关者。会议分为两场；总持续时间为 4 小时。基于前一阶段进行的访谈初步确定了效果领域。简短的幻灯片演示和基于潜在影响总图的公开讨论，帮助参与者为之前商定的目标选择效果领域（之前商定的目标为：生产者的经济绩效、对当地经济的影响，对吸引年轻生产者和企业家的效果）。在第二场会议期间，拟定了 7 个监测问题，并确定了相关指标。

d）收集数据。

评估负责人利用当地生产者协会的文件、当地商会的数据以及对该地区生产者和其他行为者的具体询问收集了数据。数据收集工作于 2017 年 2 月进行，耗时约 1 周。

e）组织和分析信息。

f）撰写报告。

2017 年 3 月初，评估小组召开为期半天的会议，分析收集到的信息。起草了一份简短的报告，清晰简洁地向利益相关方通报结果。

第三阶段：思考和决策

a）发布关于地理标志计划效果的报告。

b）关键绩效领域的识别和分析。

c）总体绩效和可能的解决方案。

d）纠正措施和战略规划。

2017 年 3 月，在法焦洛举行的为期一天的会议上讨论了第三阶段。约有 25 家生产商和其他利益相关者参加了会议。首先，评估小组负责人通过幻灯片演示介绍了分析结果。随后的讨论展示了许多关键问题。虽然法焦洛豆的市场价格相对较高，但高认证成本侵蚀了利润率。其次，由于行为准则中的限制性规定，某些小型生产商无法使用地理标志标签。在会议的第二部分，与会者被分为 3 组，更详细地讨论绩效令人不满意的原因和可能的纠正措施。会议的第三部分（全体会议）讨论了纠正措施，如修订行为准则，通过排除冗余义务简化控制程序、组织活动，更好地对地理标志计划进行宣传并支持当地农民。生产者协会和省级行政当局被授权执行这些活动。

图书在版编目（CIP）数据

地理标志评估指南：因地制宜推动地理标志发展与提升 / 联合国粮食及农业组织编著；王秀丽，郑君译. 北京：中国农业出版社，2025. 6. --（FAO中文出版计划项目丛书）. -- ISBN 978-7-109-33320-8

Ⅰ. F762. 05-62

中国国家版本馆 CIP 数据核字第 20252S0A64 号

著作权合同登记号：图字 01 - 2024 - 6566 号

地理标志评估指南
DILI BIAOZHI PINGGU ZHINAN

中国农业出版社出版
地址：北京市朝阳区麦子店街 18 号楼
邮编：100125
责任编辑：何　玮　　文字编辑：刘金华
版式设计：王　晨　　责任校对：吴丽婷
印刷：北京通州皇家印刷厂
版次：2025 年 6 月第 1 版
印次：2025 年 6 月北京第 1 次印刷
发行：新华书店北京发行所
开本：700mm×1000mm　1/16
印张：11
字数：210 千字
定价：78.00 元